全国职业院校汽车类专业工作手册式新形态教材

附微课视频

汽车
综合故障
检查与修理

中德诺浩（北京）教育科技股份有限公司 / 组编

吕丕华 / 主编

大连理工大学出版社

内容简介

本书是全国职业院校汽车类专业工作手册式新形态教材。全书分为十五个任务，包括发动机无法启动故障检查与修理、发动机怠速抖动故障检查与修理、前照灯电路故障检查与修理、刮水器不工作故障检查与修理、电动车窗故障检查与修理、空调系统故障检查与修理、中控门锁故障检查与修理等内容。

本书可作为全国职业院校汽车类专业的教学用书，也可作为汽车售后服务企业相关技术人员与社会人士的培训参考用书。

本套教材由吕丕华主编，本书由温江杰负责编写。

图书在版编目（CIP）数据

汽车综合故障检查与修理 / 中德诺浩（北京）教育科技股份有限公司组编． -- 大连 ： 大连理工大学出版社，2024.9

ISBN 978-7-5685-5003-1

Ⅰ．①汽… Ⅱ．①中… Ⅲ．①汽车－故障诊断－教材②汽车－车辆修理－教材 Ⅳ．① U472.4

中国国家版本馆 CIP 数据核字（2024）第 109535 号

大连理工大学出版社出版

地址：大连市软件园路 80 号　　邮政编码：116023
发行：0411-84708842　　邮购：0411-84708943　　传真：0411-84701466
E-mail：dutp@dutp.cn　　　URL：https://www.dutp.cn

大连天骄彩色印刷有限公司印刷　　　　大连理工大学出版社发行

幅面尺寸：210mm×285mm　　印张：10.75　　字数：301 千字
2024 年 9 月第 1 版　　　　　2024 年 9 月第 1 次印刷

责任编辑：唐　爽　　　　　　　　　　　责任校对：刘　芸
封面设计：张　莹

ISBN 978-7-5685-5003-1　　　　　　　　　定　价：45.80 元

本书如有印装质量问题，请与我社发行部联系更换。

序

当前，我国处于由制造大国向制造强国、由人力资源大国向人力资源强国发展的重要时期，党和国家为此制定了一系列科教兴国、人才强国的战略措施。

在人才队伍中，工作在生产一线的技能型人才是重要基础。高素质技能型人才队伍是推动经济社会发展的重要保障，职业教育是培养高素质技能型人才的主要渠道。尽管世界各国国情不同，发展职业教育的条件、政策和具体措施各异，但无论是发达国家还是新兴工业化国家，都非常重视职业教育在培养高素质技能型人才中发挥的重要作用，把发展职业教育作为人力资源开发、振兴经济、增强国力的战略选择。

德国的职业教育水平处于世界领先地位。德国经济在世界金融危机中能依然稳健发展，与其因职业教育发达而拥有大量的高素质技能型人才是分不开的。完备的法律制度和各方面的高度重视，为德国的职业教育发展提供了有力保障。德国的双元制职业教育制度将劳动人事制度与教育制度有机地结合在一起。学校和企业都是培养人才的主体，并承担相应责任，学校和企业的教学计划、形式和内容虽各有侧重，但又相互联系，且均以工作任务为教学载体，将技能学习和训练、理论学习和运用有机结合，充分发挥学生在教学中的主体作用，着力培养学生承担社会责任的能力、独立发现和解决问题的能力，以及在实践中自主学习的能力。

改革开放以来，我国在借鉴国外先进职业教育经验方面取得了可喜成就。我国职业教育的对外交流与合作就是从借鉴和学习德国经验开始的，中德诺浩（北京）教育科技股份有限公司为此做了积极而有效的探索。

长期以来，该公司致力于引进德国的汽车职业教育资源，与德国手工业协会合作，在国内与以德国品牌为主的汽车合资企业和各类职业院校共同开展教育工作。经过多年的探索，结合我国国情，该公司成功引进德国汽车类专业职业教育的课程体系、教学素材和教学方法，并利用互联网手段进行了全方位本土化，在此基础上与300多所职业院校联手，为我国汽车维修企业培养了大批优秀人才。与此同时，该公司组织中德两国的汽车技术专家、经验丰富的维修技师和职业教育专家，共同编写了全国职业院校汽车类专业工作手册式新形态教材。这套教材以培养高技能人才为目标，内容选自实际操作，既原汁原味地吸纳了德国经验，又结合我国实际情况充实了教学内容，旨在推动我国汽车维修技能型人才的培养与世界接轨。我期待这套教材能在我国培养国际标准汽车高技能人才方面发挥重要作用，在中国由汽车大国向汽车强国迈进的征程中做出应有的贡献。

唐天标

（本序作者系第十一届全国人大常委会委员、第十一届全国人大教科文卫委员会副主任委员，中国人民解放军总政治部原副主任，上将军衔）

前　言

职业教育是国民教育体系和人力资源开发的重要组成部分，肩负着培养多样化人才、传承技术技能、促进就业创业的重要职责。随着新型工业化的推进和科学技术的发展，现代职业教育体系已成为国家竞争力的重要支撑。为贯彻落实全国职业教育大会精神，推动现代职业教育高质量发展，加快构建现代职业教育体系，建设技能型社会，弘扬工匠精神，培养更多高素质技术技能人才，满足我国汽车产业迅猛发展对高端技术技能型汽车人才的需求，编者在总结多年来将德国汽车类专业职业教育中国本土化经验的基础上，编写了这套全国职业院校汽车类专业工作手册式新形态教材。

本套教材将理论基础和实践应用有机结合，在引领学生学习汽车专业知识的同时培养学生的实际操作技能，具有以下特点：

（1）以企业一线任务为引导，将理论知识与实践技能完美结合。

（2）教学任务有序化设计，从简单到复杂，循序渐进，不断深化。

（3）采用四色印刷，版面简洁清晰、主题明确、色彩清新。

（4）配有丰富的数字化教学资源，学生可通过扫描每个任务专属的二维码进行浏览和自学。

本套教材的编写充分发挥了学生的主体地位，优化了课堂设计，便于调动学生的学习积极性和主动性，还可培养学生的创新意识和创新能力。

　　本套教材是职业院校汽车类专业核心课程教材，也可供从事汽车研究、设计、制造、使用和维修的工程技术人员学习和参考。

　　尽管我们在探索教材特色方面做出了许多努力，但教材中仍可能存在一些不足，恳请广大读者批评指正，并将意见和建议反馈给我们，以便修订时改进。

编　者

目录

发动机无法启动故障检查与修理（一）任务工单——发动机基础检查及故障自诊断			
客户信息	姓名		电话
车辆信息	车型	VIN	行驶里程

故障检修

发动机故障验证	☐	发动机基础检查	☐	发动机故障自诊断	☐	读取与清除故障码	☐
读取数据流（测量值）	☐	基本设定	☐	CAN数据总线检修	☐	起动系统故障检修	☐
点火系统故障检修	☐	燃油系统故障检修	☐	进气系统故障检修	☐	机械系统故障检修	☐

客户描述：

_____

_____

车辆外观检查		车辆内部检查	
凹凸 ☐		污渍 ☐	
划痕 ☐		破损 ☐	
石击 ☐		色斑 ☐	
油漆 ☐		变形 ☐	

明确具体工作任务

_____

_____

_____

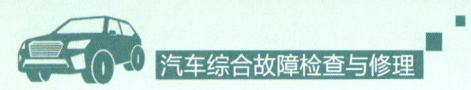

 • 掌握发动机无法启动故障检查与修理的思路
• 能够正确使用检测设备和仪器进行故障检测
• 能够正确填写维修工单，进行质量检查

 • 发动机无法启动故障原因
• CAN数据总线系统组成及故障检修
• 发动机无法启动故障排除

 • 发动机无法启动故障原因
• 发动机无法启动故障排除

 • 发动机无法启动故障排除

一、知识讲解

（一）发动机无法启动常见故障类型及故障原因

发动机无法启动常见故障有两种类型，一种是起动机不运转，发动机无法启动；另一种是起动机运转正常，发动机无法启动。发动机无法启动故障可能涉及发动机防盗系统、起动系统、点火系统、燃油供给系统、发动机控制系统、CAN数据总线系统、进气和排气系统、发动机机械系统等，见表1-1。

表 1-1　　　　　　　　　　　　　发动机无法启动故障类型及原因

序号	故障类型	故障原因	
1	起动机不运转，发动机无法启动	（1）起动机故障 （2）启动线路故障 （3）蓄电池电压过低 （4）点火开关、挡位开关、离合器开关、制动开关故障	（5）发动机控制单元及相关电路故障 （6）CAN数据总线故障 （7）启动继电器故障 （8）车辆处于防盗状态
2	起动机运转正常，发动机无法启动	（1）发动机防盗系统故障 （2）曲轴（凸轮轴）传感器故障 （3）点火电路故障 （4）进气系统漏气、传感器故障 （5）电控单元故障 （6）发动机缸压不足	（7）钥匙匹配不成功 （8）燃油供给系统故障 （9）排气系统堵塞 （10）CAN数据总线系统故障 （11）发动机正时（配气）相位错乱

（二）CAN 数据总线

1. CAN 数据总线的定义

CAN 是 Controller Area Network 的缩写，称为控制单元局域网，它是车用控制单元传输信息的一种传送形式。

CAN 数据总线系统控制单元的连接采用铜缆串行方式。不同控制单元之间的信息传送方式是广播式传输，即每个控制单元不指定接收者，而是把所有的信息都往外发送，由接收控制单元自主选择是否接收这些信息，如图 1-1 所示。

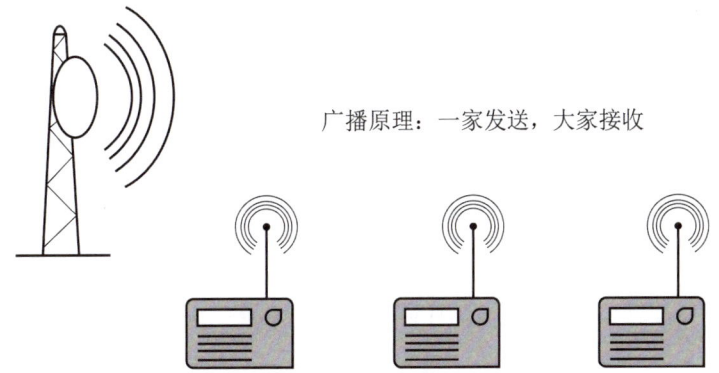

广播原理：一家发送，大家接收

图 1-1　CAN 数据总线系统的信息传送方式

2. CAN 数据总线系统分类

CAN 数据总线系统分为驱动系统、舒适系统、信息系统、诊断系统、仪表系统 5 个局域网，其传输速率（单位为 kbit/s）、传输线颜色分别如下：

（1）驱动系统（由 15 号线激活）：500，橙 / 黑。

（2）舒适系统（由 30 号线激活）：100，橙 / 绿。

（3）信息系统（由 30 号线激活）：100，橙 / 紫。

（4）诊断系统（由 30 号线激活）：500，—。

（5）仪表系统（由 15 号线激活）：100，橙 / 蓝。

CAN 数据总线使用两条扭绞在一起的导线连接各控制单元。两条导线分别称为 CAN-H 线和 CAN-L 线。CAN 数据总线的基本色是橙色，CAN-L 线为橙棕色。

LIN 总线是 CAN 数据总线网络的子系统，为 CAN 数据总线提供辅助功能，其传输速率为 20 kbit/s，整个 CAN 数据总线系统最大承载速率为 1 000 kbit/s。

3. 驱动 CAN 数据总线系统组成

驱动 CAN 数据总线系统由启动控制钥匙（D）、转向盘转角传感器（G85）、带 EDL（电子差速锁）的 ABS 控制单元（J104）、自动变速器控制单元（J217）、发动机控制单元（J623）、安全气囊控制单元（J234）、前照灯调节控制单元（J431）、电动助力转向控制单元（J500）、转向柱电子装置控制单元（J527）、网关（J533）、诊断接口（T16）组成，如图 1-2 所示。

图 1-2　驱动 CAN 数据总线系统组成

4. 网关的作用

由于不同区域 CAN 数据总线的传输速率和识别代号不同，因此一个信号要从一个总线区域进入另一个总线区域，必须改变其传输速率和识别代号，使之能被另一个系统接收，这个任务由网关（Gateway）来完成。此外，网关还具有改变信息优先级的功能。

大众迈腾网关 J533 安装位置及端子说明如图 1-3 所示。

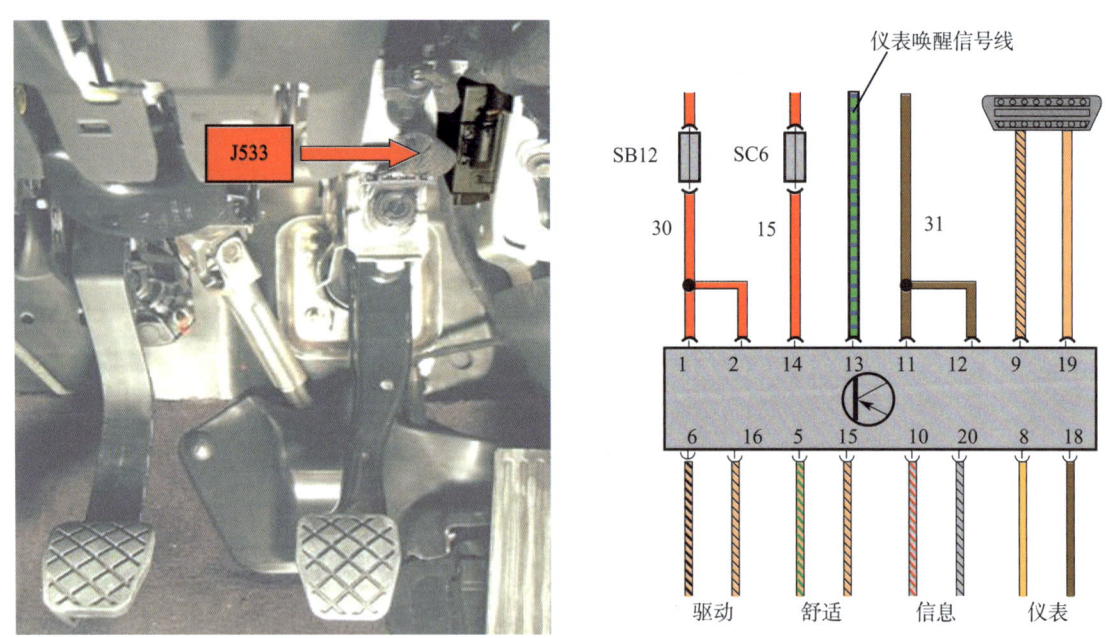

图 1-3　大众迈腾网关 J533 安装位置及端子说明

5. CAN 数据总线故障检测方法

（1）CAN 数据总线维修注意事项

导线维修技术要求如图 1-4 所示，切记不能打开总线的结点。

（2）高速 CAN 数据总线和终端电阻检测

关闭点火开关并断开电源，等待至少 5 min，然后拆下相应的控制单元插接器，使用数字万用表

或专用检测仪测量高速CAN数据总线和终端电阻，它们应分别为60 Ω和120 Ω，如图1-5所示。

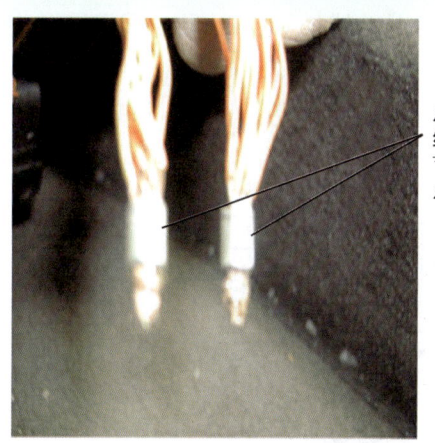

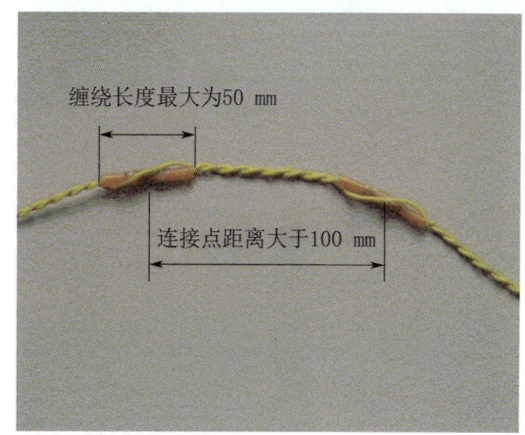

图1-4 导线维修技术要求

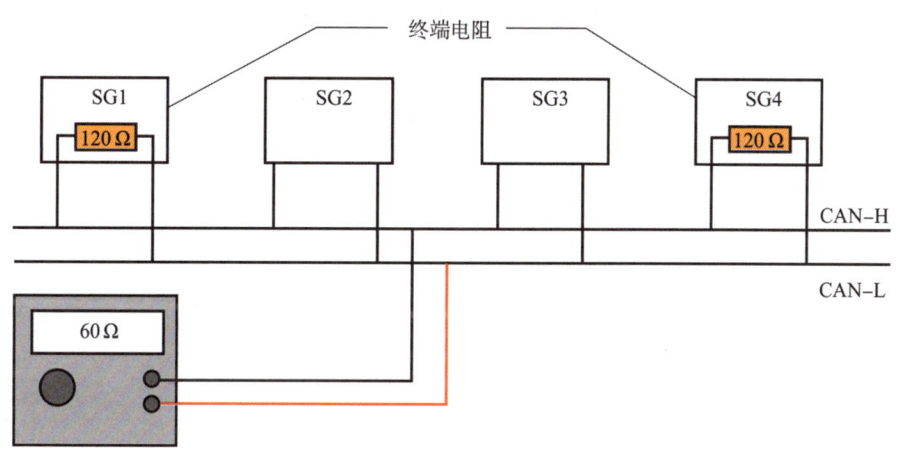

图1-5 高速 CAN 数据总线和终端电阻检测

（3）高速CAN数据总线电压检测

打开点火开关，用数字万用表或示波器测量 CAN-H 线和 CAN-L线电压（高速CAN数据总线电压），测得的数值应符合规定，如图1-6所示。

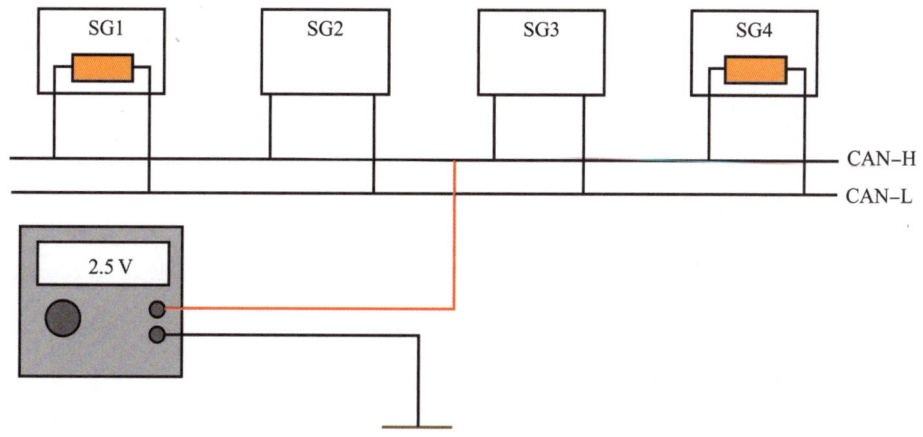

图1-6 高速 CAN 数据总线电压检测

（4）高速 CAN 数据总线波形检测

使用波形分析仪或汽车专用示波器测量高速 CAN 数据总线波形，所测波形应符合规定。如波形不符合规定，则应检查 CAN 数据总线是否有断路、短路、对蓄电池负极短路、对蓄电池正极短路等故障。

高速 CAN 数据总线标准波形如图 1-7 所示。

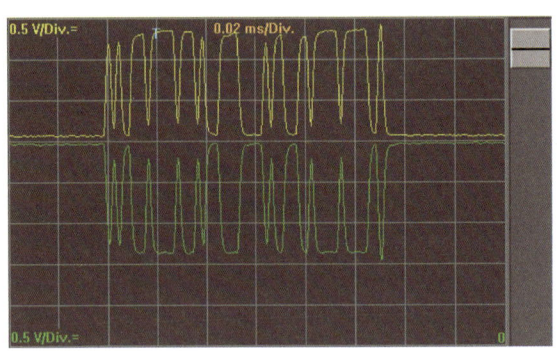

图 1-7　高速 CAN 数据总线标准波形

（三）发动机无法启动故障诊断

1. 故障验证

打开点火开关并启动发动机，检查发动机能否正常运转。验证后关闭点火开关。

2. 发动机基础检查

（1）将车辆停放在维修工位，拉起驻车制动器并将自动变速器置于空挡，铺设三件套。

（2）准备常用工具、诊断仪、数字万用表、二极管试灯。

（3）检查发动机机油、冷却液、制动液液面是否正常。

（4）检查蓄电池电压是否正常。

3. 发动机故障自诊断

（1）连接诊断仪，打开点火开关，进行发动机故障自诊断。

（2）如果无法进入发动机自诊断系统，则检查熔丝 SB13、SB14 是否损坏；检查发动机控制单元电源、搭铁是否良好。

（3）检查发动机控制单元 J623 的 CAN 数据总线波形是否正常。如不正常，则检查控制单元 J623 与数据总线诊断接口控制单元 J533 之间的 CAN 数据总线连接线路是否良好。

（4）如果所有电控系统的自诊断系统都不能进入，则检查熔丝 SC1、SC13 是否损坏，诊断插座 U31 的电源、搭铁是否良好。如正常，则检查熔丝 SB15、SC7 是否损坏，数据总线诊断接口控制单元 J533 的电源、搭铁是否良好。如以上都正常，则数据总线诊断接口控制单元 J533 损坏，须更换。

（5）读取故障码，按照故障码提示进行故障检测，排除故障。

（6）如果无故障码，则查找相关维修手册（资料），根据发动机各系统工作原理进行故障分析、检测，排除故障。

4. 起动系统检查

（1）打开点火开关，启动发动机，检查起动机能否正常运转。

（2）如果起动机不运转，则检查发动机是否处于防盗状态。如果发动机处于防盗状态，则检查防盗系统是否有故障。

（3）如果防盗系统正常，则检查起动挡状态下起动机端子T1v电压是否为12 V。如果电压为12 V，则故障为起动机损坏或起动机搭铁不良。

（4）如果起动机端子T1v没有电压，则检查熔丝SB30、SC10是否有电。如果熔丝SB30、SC10没电，则检查熔丝SB30、SC10和继电器J329是否损坏。如果以上都正常，则检查继电器J329与控制单元J519、熔丝（SB30、SC10）、搭铁之间的连接导线是否有故障。

（5）如果熔丝SB30、SC10有电，则检查继电器J682和J710是否损坏。如果正常，则检查继电器J682与熔丝SC10、发动机控制单元J623之间的连接导线是否正常；检查继电器J710与熔丝SC10、发动机控制单元J623、起动机端子T1v、车载电网控制单元J519之间的连接导线是否正常。

（6）如果以上检查均正常，则使用诊断仪检查曲轴位置传感器G28和凸轮轴位置传感器G40的信号电压是否正常。如果传感器正常，则检查熔丝SB13、SB14是否正常。如果熔丝SB13、SB14正常，则检查发动机控制单元J623的电源、搭铁是否正常。

（7）连接诊断仪，检查制动开关、变速器空挡启动开关是否正常。

（8）如果以上检查均正常，则发动机控制单元J623损坏，须更换。

二、任务准备

勾选出完成本任务所需要的物品。

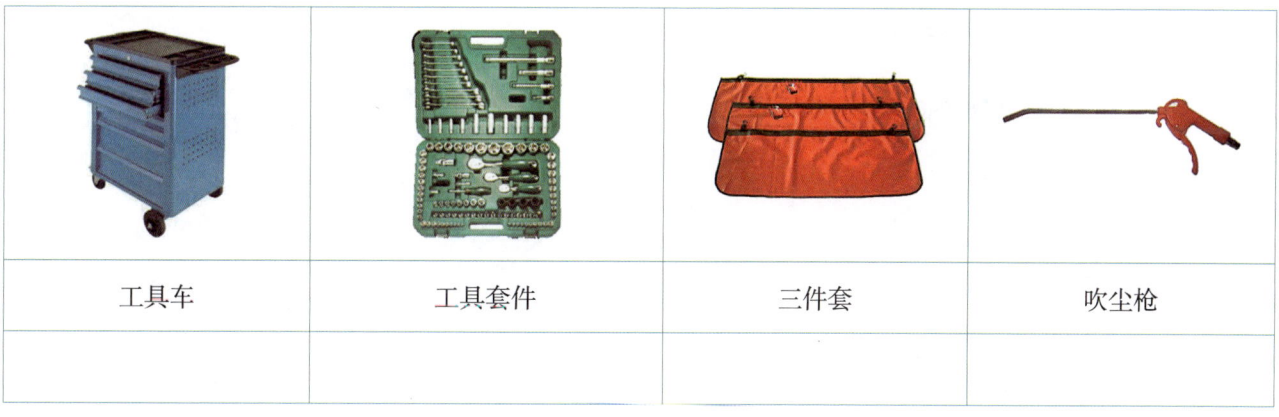

工具车	工具套件	三件套	吹尘枪

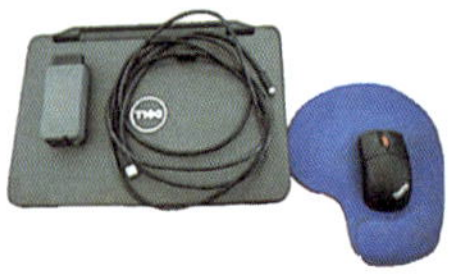

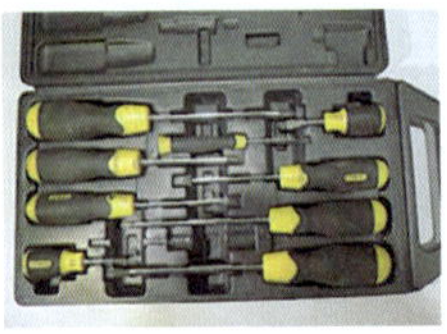

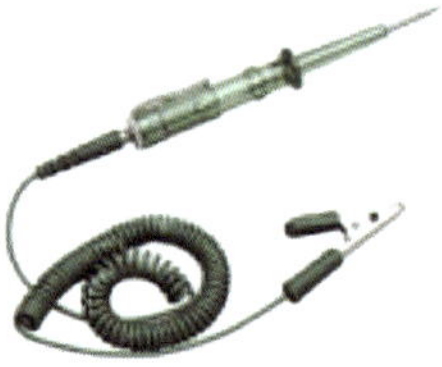

诊断仪	旋具套装	数字万用表	二极管试灯
听诊器	抹布	燃油压力表	气缸压力表
示波器	尾气分析仪	举升机	实训车辆

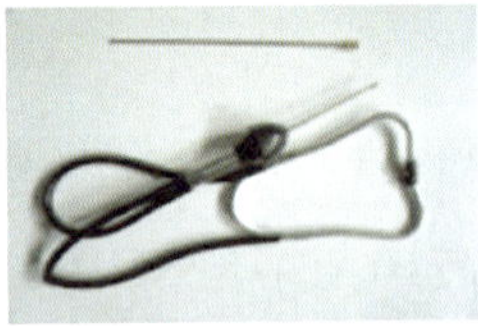

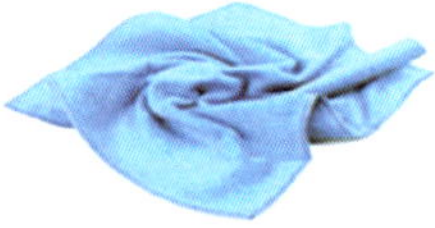

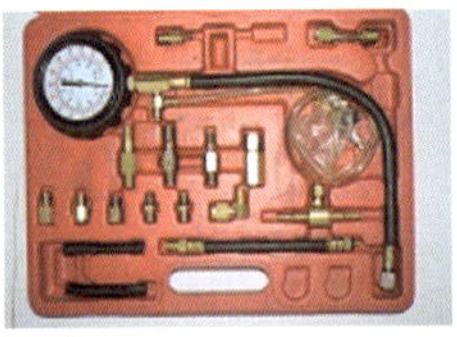

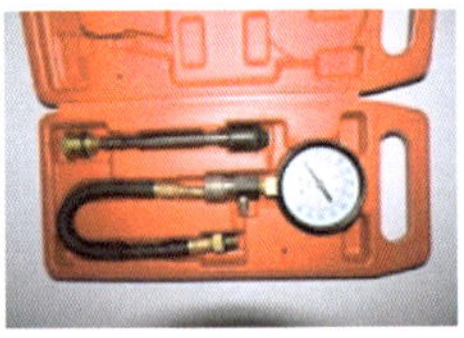

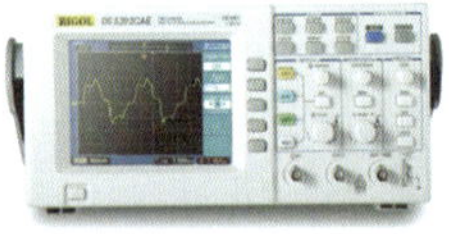

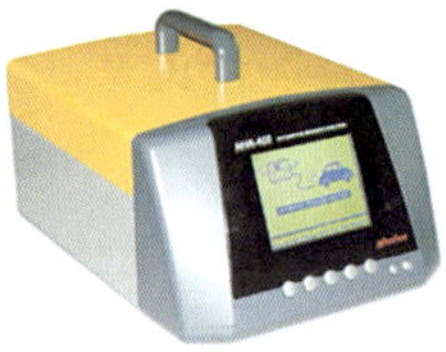

维修手册	多楔传动带

三、防护措施

（1）进入车间应穿工鞋，戴工帽；工作服应穿戴整洁，无皮肤裸露；操作时不可佩戴手表等金属首饰，以防划车辆表面。

（2）举升车辆时，应严格按照举升机操作规范进行操作，并通知其他人员远离举升机。

（3）更换油液或配件时，应做好油液和配件的回收清理工作，以免对工作环境造成污染。

观察下列操作图片，选出操作正确的图片。

	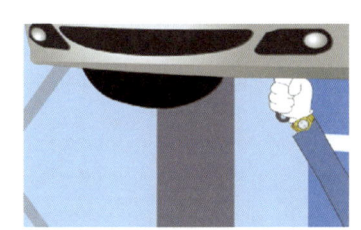	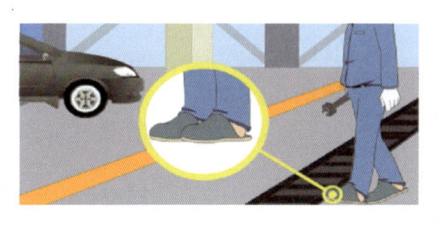

四、任务分配

任务分配见表1-2。

表1-2　　　　　　　　　　　　　　　　任务分配

职务	成员	姓名	工作内容
组长	技师A		监督、管理组员工作
组员	技师B		准备实训所需车辆及零配件
	技师C		
	技师D		准备实训所需工具及维修手册
	技师E		

五、任务实施

（一）操作流程

为每个操作流程中的工作内容排序并将序号填写在表1-3中。

表1-3　　　　　　　　　　发动机无法启动故障检查与修理操作步骤

操作流程	步骤	工作内容
故障验证		打开点火开关并启动发动机，检查发动机能否正常运转
		故障验证后关闭点火开关

续表

操作流程	步骤	工作内容
发动机 基础检查		准备常用工具、诊断仪、数字万用表、二极管试灯
		检查发动机机油、冷却液、制动液液面是否正常
		将车辆停放在维修工位，拉起驻车制动器并将自动变速器置于空挡
		铺设三件套
		检查蓄电池电压是否正常
发动机故障 自诊断		如果无法进入发动机自诊断系统，则检查熔丝 SB13、SB14 是否损坏；检查发动机控制单元电源、搭铁是否良好
		连接诊断仪，打开点火开关，进行发动机故障自诊断
		检查发动机控制单元 J623 的 CAN 数据总线波形是否正常。如不正常，则检查控制单元 J623 与数据总线诊断接口控制单元 J533 之间的 CAN 数据总线连接线路是否良好
		读取故障码，按照故障码提示进行故障检测，排除故障
		如果所有电控系统的自诊断系统都不能进入，则检查熔丝 SC1、SC13 是否损坏，诊断插座 U31 的电源、搭铁是否良好。如正常，则检查熔丝 SB15、SC7 是否损坏，数据总线诊断接口控制单元 J533 的电源、搭铁是否良好。如以上都正常，则数据总线诊断接口控制单元 J533 损坏，须更换
		如果无故障码，则查找相关维修手册（资料），根据发动机各系统工作原理进行故障分析、检测，排除故障
起动系统检查		打开点火开关，启动发动机，检查起动机能否正常运转
		如果起动机不运转，则检查发动机是否处于防盗状态。如果发动机处于防盗状态，则检查防盗系统是否有故障
		如果熔丝 SB30、SC10 有电，则检查继电器 J682 和 J710 是否损坏。如果正常，则检查继电器 J682 与熔丝 SC10、发动机控制单元 J623 之间的连接导线是否正常；检查继电器 J710 与熔丝 SC10、发动机控制单元 J623、起动机端子 T1v、车载电网控制单元 J519 之间的连接导线是否正常
		如果以上检查均正常，则使用诊断仪检查曲轴位置传感器 G28 和凸轮轴位置传感器 G40 的信号电压是否正常。如果传感器正常，则检查熔丝 SB13、SB14 是否正常。如果熔丝 SB13、SB14 正常，则检查发动机控制单元 J623 的电源、搭铁是否正常
		如果防盗系统正常，则检查起动挡状态下起动机端子 T1v 电压是否为 12 V。如果电压为 12 V，则故障为起动机损坏或起动机搭铁不良

续表

操作流程	步骤	工作内容
起动系统检查		如果起动机端子T1v没有电压，则检查熔丝SB30、SC10是否有电。如果熔丝SB30、SC10没电，则检查熔丝SB30、SC10和继电器J329是否损坏。如果以上都正常，则检查继电器J329与控制单元J519、熔丝（SB30、SC10）、搭铁之间的连接导线是否有故障
		连接诊断仪，检查制动开关、变速器空挡启动开关是否正常
		如果以上检查均正常，则发动机控制单元J623损坏，须更换
点火系统检查		取下发动机舱盖，断开点火控制器插接器，取下点火控制器总成，插上火花塞，启动发动机，检查高压火花是否正常
		如果高压火花正常，则检查各缸火花塞及燃油供给系统是否有故障
		如果1号端子的工作电压是12 V，则检查3号端子是否有点火信号电压
		如果3号端子有点火信号电压，则点火控制器总成损坏，须更换
		如果无高压火花，则检查点火控制器插接器1号端子的工作电压是否为12 V，2号和4号端子搭铁是否良好
		如果1号端子的工作电压不是12 V，则检查熔丝SB10、SB13是否损坏，主继电器J271是否损坏
		如果3号端子无点火信号电压，则检查曲轴、凸轮轴位置传感器是否损坏
		如果曲轴、凸轮轴位置传感器正常，则检查发动机控制单元J623的电源、搭铁是否正常
		如果发动机控制单元J623的电源、搭铁正常，则发动机控制单元J623损坏，须更换
燃油供给系统检查		连接诊断仪，测量106组高压燃油系统的压力，检查燃油压力是否符合规定
		拆卸后排座椅，检查燃油泵控制单元J538端子1电压是否正常，端子6搭铁是否正常
		检查燃油泵控制单元J538端子2与发动机控制单元J623、端子7与车载电网控制单元J519之间的连接导线是否正常
		拔下燃油泵插接器，检查燃油泵电阻是否符合规定
		拔下燃油压力调节阀N276的插头，观察发动机是否熄火。如果熄火，则低压燃油系统压力过低，不能维持发动机正常启动及运转，应检查电动燃油泵、燃油滤清器是否正常；否则查看高压燃油系统的压力，若压力约为650 kPa，则低压燃油系统没有故障
		若高压燃油系统压力不符合规定，则检查高压燃油压力传感器G247是否损坏；若高压燃油系统无压力，则检查燃油泵熔丝SC36是否损坏
		检查燃油泵供油量是否符合规定

续表

操作流程	步骤	工作内容
进气系统及传感器检查		检查节气门传感器、空气流量计、冷却液温度传感器、氧传感器、进气压力传感器的电源、搭铁、信号电压、数据流是否正常
		检查进气软管、活性炭罐、涡轮增压进气管等是否有泄漏之处
		检查空气滤清器是否堵塞，节气门是否脏污、卡滞
发动机机械系统检查		检查发动机正时传动带（链条）是否错位、断裂
		检查发动机缸压是否正常
		检查三元催化器、排气管、消声器是否堵塞
		检查发动机曲柄连杆机构和配气机构是否正常

（二）实施记录

结合实施过程，对照表1-4所列项目进行检查，并记录实际的检查结果。

表 1-4　　　　　　　　　　　发动机无法启动故障检查与修理实施记录

序号	项目	故障检查	故障记录
1	故障验证	发动机运转慢 □　　发动机不运转 □ 起动机发出"咔咔"声，不运转 □　　起动机无任何反应 □	
2	发动机基础检查	安全防护工作 □　　机油液面 □ 冷却液液面 □　　制动液液面 □　蓄电池电压：____V	
3	发动机故障自诊断	连接诊断仪检查 □　不能进入自诊断系统□　可以进入自诊断系统 □ 诊断插座U31检查 □　相关熔丝检查 □　网关J533 检查 □ 发动机CAN数据总线波形正常 □ 发动机CAN数据总线波形错误 □ 发动机控制单元J623 电源、搭铁、熔丝检查 □ 网关 J533 电源、搭铁、熔丝检查 □ 发动机控制单元 J623 与网关 J533 之间的 CAN 数据总线连接检查 □ 诊断插座 U31 与网关 J533 之间的 CAN 数据总线连接检查 □ 读取故障码：有故障码 □　无故障码 □ 故障码记录：_____ _____	

012

续表

序号	项目	故障检查	故障记录
4	起动系统检查	起动机不运转 □　起动机运转无力 □　起动机正常运转 □ 起动机端子T1v电压检测：电压为12 V □　无电压 □ 启动电路熔丝、继电器检查：熔丝损坏 □　继电器损坏 □ 启动电路熔丝、继电器、控制单元连接线路检查： 断路 □　短路 □　正常 □ 曲轴位置传感器 G28 检查： 电源、搭铁故障 □　传感器正常 □　传感器故障 □ 凸轮轴位置传感器 G40 检查： 电源、搭铁故障 □　传感器正常 □　传感器故障 □ 制动开关、空挡启动开关检查：开关正常 □　开关损坏 □ 发动机控制单元J623检查：电源、搭铁故障 □　J623损坏 □	
5	点火系统检查	高压火花检查：无高压火花 □　高压火花弱 □　高压火花正常 □ 火花塞检查：火花塞正常 □　火花塞损坏 □ 点火控制器电路检查：电源、搭铁正常 □　电源、搭铁故障 □ 　　　　　　　　　　熔丝正常 □　熔丝损坏 □ 　　　　　　　　　　继电器正常 □　继电器损坏 □ 点火信号检查：有点火信号 □　无点火信号 □　点火信号错误 □ 曲轴位置传感器 G28 检查： 电源、搭铁故障 □　传感器正常 □　传感器故障 □ 凸轮轴位置传感器 G40 检查： 电源、搭铁故障 □　传感器正常 □　传感器故障 □	
6	燃油供给系统检查	高压燃油压力检查：油压正常 □　油压过低 □　无油压 □ 油压测量值：＿＿＿＿＿＿kPa 燃油压力调节阀 N276 检查： 电磁阀正常 □　电磁阀损坏 □　电源、搭铁故障 □ 高压燃油压力传感器 G247 检查： 传感器正常 □　传感器故障 □　电源、搭铁故障 □ 燃油泵熔丝检查：熔丝正常 □　熔丝损坏 □ 燃油泵控制单元 J538 检查： 电源、搭铁故障 □　连接导线故障 □　J538 故障 □ 电动燃油泵检查：燃油泵正常 □　燃油泵损坏 □　燃油泵性能不良 □	
7	进气系统及传感器检查	进气系统检查：空气滤清器脏污、堵塞 □　进气软管破裂、漏气 □ 　　　　　　各真空管脱落、破裂、泄漏 □ 　　　　　　活性炭罐电磁阀常开 □　废气循环阀常开 □ 　　　　　　涡轮增压进气管破裂、泄漏 □　节气门脏污 □ 各传感器检测：有故障码 □　无故障码 □　读取数据流（测量值）□ 　　　　　　连接导线故障□　电源、搭铁故障 □ 　　　　　　传感器正常 □　传感器故障 □ 故障码记录：＿＿＿＿＿＿＿＿＿＿＿＿＿＿＿＿＿＿＿＿＿＿＿＿＿ ＿＿＿＿＿＿＿＿＿＿＿＿＿＿＿＿＿＿＿＿＿＿＿＿＿＿＿＿＿	

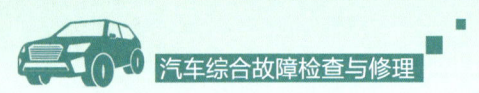

续表

序号	项目	故障检查	故障记录
8	发动机机械系统检查	发动机缸压检测：缸压正常 □　缸压过低 □　个别缸压低 □ 缸压检测值：1缸＿＿＿ 2缸＿＿＿ 3缸＿＿＿ 4缸＿＿＿ 配气正时检查：正时传动带磨损 □　正时传动带断裂 □ 　　　　　　正时链条断裂 □ 排气装置检查：三元催化器堵塞 □　排气管、消声器堵塞 □ 发动机拆装及检查：曲柄连杆机构故障 □　配气机构故障 □	

根据任务操作流程和故障排除过程，总结发动机无法启动故障排除思路，并写在下面。

_____

_____

_____

_____

_____

_____

_____

六、检查

（一）自检

结合本组任务操作流程，对任务执行过程中的操作规范性进行检查，检查是否存在以下问题，分析、讨论应如何避免并总结规范的操作方法（表1-5）。

表1-5　　　　　　　　　　　　　　　　自检

检查项目	检查结果
车辆停放位置是否合适，是否将变速器置于空挡并拉紧驻车制动器	
是否使用三件套对车辆进行防护	
是否按规范操作举升机，是否注意人身安全	
发动机基础检查项目是否正常	
发动机CAN数据总线波形是否正常	
是否能进入发动机故障自诊断系统	
发动机无法启动故障是否排除	
工作场地是否清洁，车辆是否复位	

（二）互检

小组成员之间相互进行任务操作过程及结果检查，并把检查结果填写在表1-6中。

表1-6 互检

检查项目	检查结果
车辆停放位置是否合适，是否将变速器置于空挡并拉紧驻车制动器	
是否使用三件套对车辆进行防护	
是否按规范操作举升机，是否注意人身安全	
发动机基础检查项目是否正常	
发动机CAN数据总线波形是否正常	
是否能进入发动机故障自诊断系统	
发动机无法启动故障是否排除	
工作场地是否清洁，车辆是否复位	

七、课堂小结

实操视频

| 任务二 | 发动机无法启动
故障检查与修理
（二） |

发动机无法启动故障检查与修理（二）任务工单——起动系统与点火系统检查			
客户信息	姓名		电话
车辆信息	车型	VIN	行驶里程

故障检修	发动机故障验证 ☐ 发动机基础检查 ☐ 发动机故障自诊断 ☐ 读取与清除故障码 ☐ 读取数据流（测量值）☐ 基本设定 ☐ CAN数据总线检修 ☐ 起动系统故障检修 ☐ 点火系统故障检修 ☐ 燃油系统故障检修 ☐ 进气系统故障检修 ☐ 机械系统故障检修 ☐ 客户描述： ＿＿＿＿＿＿＿＿＿＿＿＿＿＿＿＿＿＿＿＿＿＿＿＿＿＿＿＿＿＿＿ ＿＿＿＿＿＿＿＿＿＿＿＿＿＿＿＿＿＿＿＿＿＿＿＿＿＿＿＿＿＿＿ ＿＿＿＿＿＿＿＿＿＿＿＿＿＿＿＿＿＿＿＿＿＿＿＿＿＿＿＿＿＿＿

车辆外观检查		车辆内部检查	
凹凸 ☐		污渍 ☐	
划痕 ☐		破损 ☐	
石击 ☐		色斑 ☐	
油漆 ☐		变形 ☐	

明确具体 工作任务	＿＿＿＿＿＿＿＿＿＿＿＿＿＿＿＿＿＿＿＿＿＿＿＿＿＿＿＿＿＿＿ ＿＿＿＿＿＿＿＿＿＿＿＿＿＿＿＿＿＿＿＿＿＿＿＿＿＿＿＿＿＿＿ ＿＿＿＿＿＿＿＿＿＿＿＿＿＿＿＿＿＿＿＿＿＿＿＿＿＿＿＿＿＿＿

- 掌握发动机无法启动故障检查与修理的思路
- 能够正确使用检测设备和仪器进行故障检测
- 能够正确填写维修工单，进行质量检查

- 点火系统检查
- 燃油供给系统检查
- 进气系统及传感器检查
- 发动机机械系统检查

- 点火系统检查
- 燃油供给系统检查

- 进气系统及传感器检查
- 发动机机械系统检查

一、知识讲解

（一）点火系统检查

（1）取下发动机舱盖，断开点火控制器插接器，取下点火控制器总成，插上火花塞，启动发动机，检查高压火花是否正常。

（2）如果高压火花正常，则检查各缸火花塞及燃油供给系统是否有故障。

（3）如果无高压火花，则检查点火控制器插接器 1 号端子的工作电压是否为 12 V，2 号和 4 号端子搭铁是否良好。

（4）如果 1 号端子的工作电压不是 12 V，则检查熔丝 SB10、SB13 是否损坏，主继电器 J271 是否损坏。

（5）如果 1 号端子的工作电压是 12 V，则检查 3 号端子是否有点火信号电压。

（6）如果 3 号端子有点火信号电压，则点火控制器总成损坏，须更换。

（7）如果 3 号端子无点火信号电压，则检查曲轴、凸轮轴位置传感器是否损坏。

（8）如果曲轴、凸轮轴位置传感器正常，则检查发动机控制单元 J623 的电源、搭铁是否正常。

（9）如果发动机控制单元 J623 的电源、搭铁正常，则发动机控制单元 J623 损坏，须更换。

（二）燃油供给系统检查

（1）连接诊断仪，测量106组高压燃油系统的压力，检查燃油压力是否符合规定。

（2）拔下燃油压力调节阀 N276 的插头，观察发动机是否熄火。如果熄火，则低压燃油系统压力

过低，不能维持发动机正常启动及运转，应检查电动燃油泵、燃油滤清器是否正常；否则查看高压燃油系统的压力，若压力约为650 kPa，则低压燃油系统没有故障。

（3）若高压燃油系统压力不符合规定，则检查高压燃油压力传感器 G247 是否损坏；若高压燃油系统无压力，则检查燃油泵熔丝 SC36 是否损坏。

（4）拆卸后排座椅，检查燃油泵控制单元 J538 端子 1 电压是否正常，端子 6 搭铁是否正常。

（5）检查燃油泵控制单元 J538 端子 2 与发动机控制单元 J623、端子 7 与车载电网控制单元 J519 之间的连接导线是否正常。

（6）拔下燃油泵插接器，检查燃油泵电阻是否符合规定。

（7）检查燃油泵供油量是否符合规定。

（三）进气系统及传感器检查

（1）检查进气软管、活性炭罐、涡轮增压进气管等是否有泄漏之处。

（2）检查空气滤清器是否堵塞，节气门是否脏污、卡滞。

（3）检查节气门传感器、空气流量计、冷却液温度传感器、氧传感器、进气压力传感器的电源、搭铁、信号电压、数据流是否正常。

（四）发动机机械系统检查

（1）检查发动机正时传动带（链条）是否错位、断裂。

（2）检查发动机缸压是否正常。

（3）检查三元催化器、排气管、消声器是否堵塞。

（4）检查发动机曲柄连杆机构和配气机构是否正常。

二、任务准备

勾选出完成本任务所需要的物品。

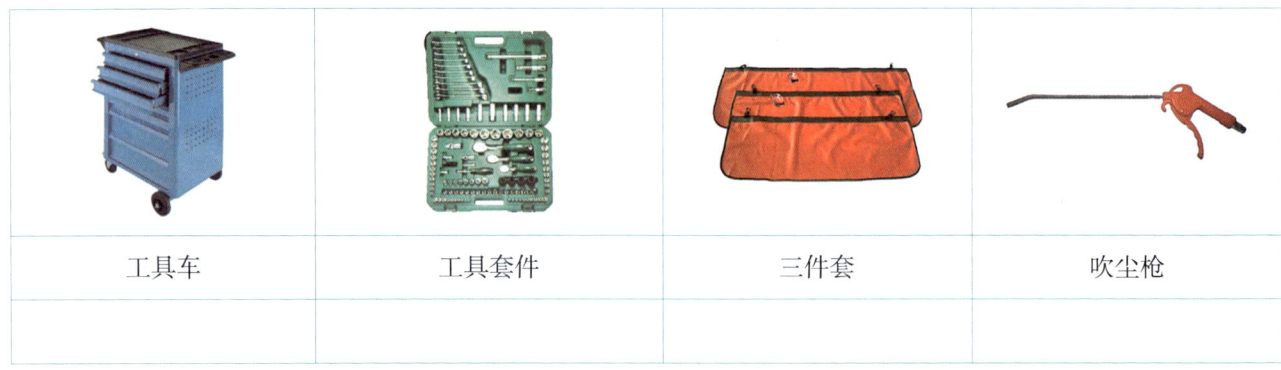

工具车	工具套件	三件套	吹尘枪

诊断仪	旋具套装	数字万用表	二极管试灯
听诊器	抹布	燃油压力表	气缸压力表
示波器	尾气分析仪	举升机	实训车辆

维修手册	多楔传动带

三、防护措施

（1）进入车间应穿工鞋，戴工帽；工作服应穿戴整洁，无皮肤裸露；操作时不可佩戴手表等金属首饰，以防划车辆表面。

（2）举升车辆时，应严格按照举升机操作规范进行操作，并通知其他人员远离举升机。

（3）更换油液或配件时，应做好油液和配件的回收清理工作，以免对工作环境造成污染。

观察下列操作图片，选出操作正确的图片。

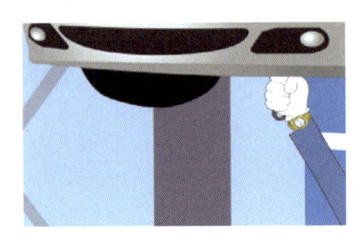

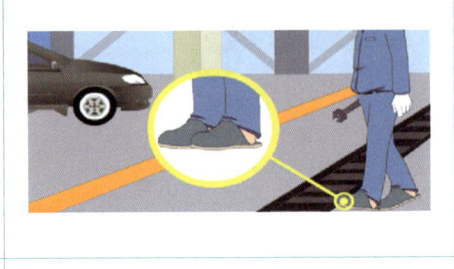

四、任务分配

任务分配见表2-1。

表 2-1　　　　　　　　　　　　　　　任务分配

职务	成员	姓名	工作内容
组长	技师A		监督、管理组员工作
组员	技师B		准备实训所需车辆及零配件
	技师C		
	技师D		准备实训所需工具及维修手册
	技师E		

五、任务实施

（一）操作流程

为每个操作流程中的工作内容排序并将序号填写在表2-2中。

表 2-2　　　　　　　　发动机无法启动故障检查与修理操作步骤

操作流程	步骤	工作内容
故障验证		打开点火开关并启动发动机，检查发动机能否正常运转
		故障验证后关闭点火开关
发动机基础检查		准备常用工具、诊断仪、数字万用表、二极管试灯
		检查发动机机油、冷却液、制动液液面是否正常
		将车辆停放在维修工位，拉起驻车制动器并将自动变速器置于空挡

续表

操作流程	步骤	工作内容
发动机 基础检查		铺设三件套
		检查蓄电池电压是否正常
发动机 故障 自诊断		如果无法进入发动机自诊断系统，则检查熔丝 SB13、SB14 是否损坏；检查发动机控制单元电源、搭铁是否良好
		连接诊断仪，打开点火开关，进行发动机故障自诊断
		检查发动机控制单元 J623 的 CAN 数据总线波形是否正常。如不正常，则检查控制单元 J623 与数据总线诊断接口控制单元 J533 之间的 CAN 数据总线连接线路是否良好
		读取故障码，按照故障码提示进行故障检测，排除故障
		如果所有电控系统的自诊断系统都不能进入，则检查熔丝 SC1、SC13 是否损坏，诊断插座 U31 的电源、搭铁是否良好。如正常，则检查熔丝 SB15、SC7 是否损坏，数据总线诊断接口控制单元 J533 的电源、搭铁是否良好。如以上都正常，则数据总线诊断接口控制单元 J533 损坏，须更换
		如果无故障码，则查找相关维修手册（资料），根据发动机各系统工作原理进行故障分析、检测，排除故障
起动系统 检查		打开点火开关，启动发动机，检查起动机能否正常运转
		如果起动机不运转，则检查发动机是否处于防盗状态。如果发动机处于防盗状态，则检查防盗系统是否有故障
		如果熔丝 SB30、SC10 有电，则检查继电器 J682 和 J710 是否损坏。如果正常，则检查继电器 J682 与熔丝 SC10、发动机控制单元 J623 之间的连接导线是否正常；检查继电器 J710 与熔丝 SC10、发动机控制单元 J623、起动机端子 T1v、车载电网控制单元 J519 之间的连接导线是否正常
		如果以上检查均正常，则使用诊断仪检查曲轴位置传感器 G28 和凸轮轴位置传感器 G40 的信号电压是否正常。如果传感器正常，则检查熔丝 SB13、SB14 是否正常。如果熔丝 SB13、SB14 正常，则检查发动机控制单元 J623 的电源、搭铁是否正常
		如果防盗系统正常，则检查起动挡状态下起动机端子 T1v 电压是否为 12 V。如果电压为 12 V，则故障为起动机损坏或起动机搭铁不良
		如果起动机端子 T1v 没有电压，则检查熔丝 SB30、SC10 是否有电。如果熔丝 SB30、SC10 没电，则检查熔丝 SB30、SC10 和继电器 J329 是否损坏。如果以上都正常，则检查继电器 J329 与控制单元 J519、熔丝（SB30、SC10）、搭铁之间的连接导线是否有故障
		连接诊断仪，检查制动开关、变速器空挡启动开关是否正常
		如果以上检查均正常，则发动机控制单元 J623 损坏，须更换

续表

操作流程	步骤	工作内容
点火系统 检查		取下发动机舱盖，断开点火控制器插接器，取下点火控制器总成，插上火花塞，启动发动机，检查高压火花是否正常
		如果高压火花正常，则检查各缸火花塞及燃油供给系统是否有故障
		如果 1 号端子的工作电压是 12 V，则检查 3 号端子是否有点火信号电压
		如果 3 号端子有点火信号电压，则点火控制器总成损坏，须更换
		如果无高压火花，则检查点火控制器插接器 1 号端子的工作电压是否为 12 V，2 号和 4 号端子搭铁是否良好
		如果 1 号端子的工作电压不是 12 V，则检查熔丝 SB10、SB13 是否损坏，主继电器 J271 是否损坏
		如果 3 号端子无点火信号电压，则检查曲轴、凸轮轴位置传感器是否损坏
		如果曲轴、凸轮轴位置传感器正常，则检查发动机控制单元 J623 的电源、搭铁是否正常
		如果发动机控制单元 J623 的电源、搭铁正常，则发动机控制单元 J623 损坏，须更换
燃油供给 系统检查		连接诊断仪，测量 106 组高压燃油系统的压力，检查燃油压力是否符合规定
		拆卸后排座椅，检查燃油泵控制单元 J538 端子 1 电压是否正常，端子 6 搭铁是否正常
		检查燃油泵控制单元 J538 端子 2 与发动机控制单元 J623、端子 7 与车载电网控制单元 J519 之间的连接导线是否正常
		拔下燃油泵插接器，检查燃油泵电阻是否符合规定
		拔下燃油压力调节阀 N276 的插头，观察发动机是否熄火。如果熄火，则低压燃油系统压力过低，不能维持发动机正常启动及运转，应检查电动燃油泵、燃油滤清器是否正常；否则查看高压燃油系统的压力，若压力约为 650 kPa，则低压燃油系统没有故障
		若高压燃油系统压力不符合规定，则检查高压燃油压力传感器 G247 是否损坏；若高压燃油系统无压力，则检查燃油泵熔丝 SC36 是否损坏
		检查燃油泵供油量是否符合规定
进气系统 及传感器 检查		检查节气门传感器、空气流量计、冷却液温度传感器、氧传感器、进气压力传感器的电源、搭铁、信号电压、数据流是否正常
		检查进气软管、活性炭罐、涡轮增压进气管等是否有泄漏之处
		检查空气滤清器是否堵塞，节气门是否脏污、卡滞

续表

操作流程	步骤	工作内容
发动机机械系统检查		检查发动机正时传动带（链条）是否错位、断裂
		检查发动机缸压是否正常
		检查三元催化器、排气管、消声器是否堵塞
		检查发动机曲柄连杆机构和配气机构是否正常

（二）实施记录

结合实施过程，对照表 2-3 所列项目进行检查，并记录实际的检查结果。

表 2-3　　　　发动机无法启动故障检查与修理实施记录

序号	项目	故障检查	故障记录
1	故障验证	发动机运转慢 □　　发动机不运转 □ 起动机发出"咔咔"声，不运转 □　起动机无任何反应 □	
2	发动机基础检查	安全防护工作 □　机油液面 □ 冷却液液面 □　制动液液面 □　蓄电池电压：___V	
3	发动机故障自诊断	连接诊断仪检查 □不能进入自诊断系统 □可以进入自诊断系统 □ 诊断插座U31检查□相关熔丝检查 □网关J533检查 □ 发动机CAN数据总线波形正常 □发动机CAN数据总线波形错误 □ 发动机控制单元J623电源、搭铁、熔丝检查 □ 网关J533电源、搭铁、熔丝检查 □ 发动机控制单元J623与网关J533之间的CAN数据总线连接检查 □ 诊断插座U31与网关J533之间的CAN数据总线连接检查 □ 读取故障码：有故障码 □　无故障码 □ 故障码记录：_____ _____	
4	起动系统检查	起动机不运转 □　　起动机运转无力 □　起动机正常运转 □ 起动机端子T1v电压检测：电压为12 V □　　　无电压 □ 启动电路熔丝、继电器检查：熔丝损坏 □　　继电器损坏 □ 启动电路熔丝、继电器、控制单元连接线路检查： 断路 □　短路 □　正常 □ 曲轴位置传感器G28检查： 电源、搭铁故障 □　传感器正常 □　传感器故障 □ 凸轮轴位置传感器G40检查： 电源、搭铁故障 □　传感器正常 □　传感器故障 □ 制动开关、空挡启动开关检查：开关正常 □　开关损坏 □ 发动机控制单元J623检查：电源、搭铁故障 □　J623损坏 □	

序号	项目	故障检查	故障记录
5	点火系统检查	高压火花检查：无高压火花 □　　高压火花弱 □　　高压火花正常 □ 火花塞检查：火花塞正常 □　　火花塞损坏 □ 点火控制器电路检查：电源、搭铁正常 □　　电源、搭铁故障 □ 　　　　　　　　　　熔丝正常 □　　熔丝损坏 □ 　　　　　　　　　　继电器正常 □　　继电器损坏 □ 点火信号检查：有点火信号 □　无点火信号 □　点火信号错误 □ 曲轴位置传感器 G28 检查： 电源、搭铁故障 □　　传感器正常 □　　传感器故障 □ 凸轮轴位置传感器 G40 检查： 电源、搭铁故障 □　　传感器正常 □　　传感器故障 □	
6	燃油供给系统检查	高压燃油压力检查：油压正常 □　油压过低 □　无油压 □ 油压测量值：_____kPa 燃油压力调节阀 N276 检查： 电磁阀正常 □　电磁阀损坏 □　　电源、搭铁故障 □ 高压燃油压力传感器 G247 检查： 传感器正常 □　传感器故障 □　　电源、搭铁故障 □ 燃油泵熔丝检查：熔丝正常 □　熔丝损坏 □ 燃油泵控制单元 J538 检查： 电源、搭铁故障 □　连接导线故障 □　　J538 故障 □ 电动燃油泵检查：燃油泵正常 □　燃油泵损坏 □　燃油泵性能不良 □	
7	进气系统及传感器检查	进气系统检查：空气滤清器脏污、堵塞 □进气软管破裂、漏气 □ 　　　　　　各真空管脱落、破裂、泄漏 □ 　　　　　　活性炭罐电磁阀常开 □　废气循环阀常开 □ 　　　　　　涡轮增压进气管破裂、泄漏 □节气门脏污 □ 各传感器检测：有故障码 □　无故障码 □　读取数据流（测量值）□ 　　　　　　连接导线故障 □　电源、搭铁故障 □ 　　　　　　传感器正常 □　　传感器故障 □ 故障码记录：_____	
8	发动机机械系统检查	发动机缸压检测：缸压正常 □　缸压过低 □　个别缸压低 □ 缸压检测值：1缸_____ 2缸_____ 3缸_____ 4缸_____ 配气正时检查：正时传动带磨损 □　正时传动带断裂 □ 　　　　　　正时链条断裂 □ 排气装置检查：三元催化器堵塞 □　排气管、消声器堵塞 □ 发动机拆装及检查：曲柄连杆机构故障 □　配气机构故障 □	

续表

序号	项目	故障检查	故障记录

根据任务操作流程和故障排除过程，总结发动机无法启动故障排除思路，并写在下面。

_____

_____

_____

_____

_____

_____

六、检查

（一）自检

结合本组任务操作流程，对任务执行过程中的操作规范性进行检查，检查是否存在以下问题，分析、讨论应如何避免并总结规范的操作方法（表2-4）。

表 2-4　　　　　　　　　　　　　　　自检

检查项目	检查结果
车辆停放位置是否合适，是否将变速器置于空挡并拉紧驻车制动器	
是否使用三件套对车辆进行防护	
是否按规范操作举升机，是否注意人身安全	
发动机基础检查项目是否正常	
发动机CAN数据总线波形是否正常	
是否能进入发动机故障自诊断系统	
发动机无法启动故障是否排除	
工作场地是否清洁，车辆是否复位	

（二）互检

小组成员之间相互进行任务操作过程及结果检查，并把检查结果填写在表 2-5 中。

表 2-5　　　　　　　　　　　　　　　　互检

检查项目	检查结果
车辆停放位置是否合适，是否将变速器置于空挡并拉紧驻车制动器	
是否使用三件套对车辆进行防护	
是否按规范操作举升机，是否注意人身安全	
发动机基础检查项目是否正常	
发动机 CAN 数据总线波形是否正常	
是否能进入发动机故障自诊断系统	
发动机无法启动故障是否排除	
工作场地是否清洁，车辆是否复位	

七、课堂小结

_____

_____

_____

_____

实操视频

发动机无法启动故障检查与修理（三）任务工单——燃油供给系统检查			
客户信息	姓名		电话
车辆信息	车型	VIN	行驶里程

故障检修	发动机故障验证 □　发动机基础检查 □　发动机故障自诊断 □　读取与清除故障码 □ 读取数据流（测量值）□　基本设定 □　CAN数据总线检修 □　起动系统故障检修 □ 点火系统故障检修 □　燃油系统故障检修 □　进气系统故障检修 □　机械系统故障检修 □ 客户描述：

车辆外观检查		车辆内部检查	
凹凸 □		污渍 □	
划痕 □		破损 □	
石击 □		色斑 □	
油漆 □		变形 □	

明确具体工作任务	

任务目标

- 掌握发动机无法启动故障检查与修理的思路
- 能够正确使用检测设备和仪器进行故障检测
- 能够正确填写维修工单，进行质量检查

任务内容

- 大众迈腾轿车防盗和启动电路组成
- 大众迈腾轿车防盗和启动电路工作原理

任务重点

- 大众迈腾轿车防盗和启动电路组成

任务难点

- 大众迈腾轿车防盗和启动电路组成

一、知识讲解

大众迈腾轿车的防盗和启动电路

1. 防盗和启动电路组成

防盗和启动电路由接线端控制单元 J942、车载电网控制单元 J519、舒适系统中央控制单元 J393（与防盗控制单元 J362 集成于一体）、发动机控制单元 J623、进入及启动许可天线、点火钥匙、点火开关 E415、网关 J533 等部件组成，如图 3-1 所示。

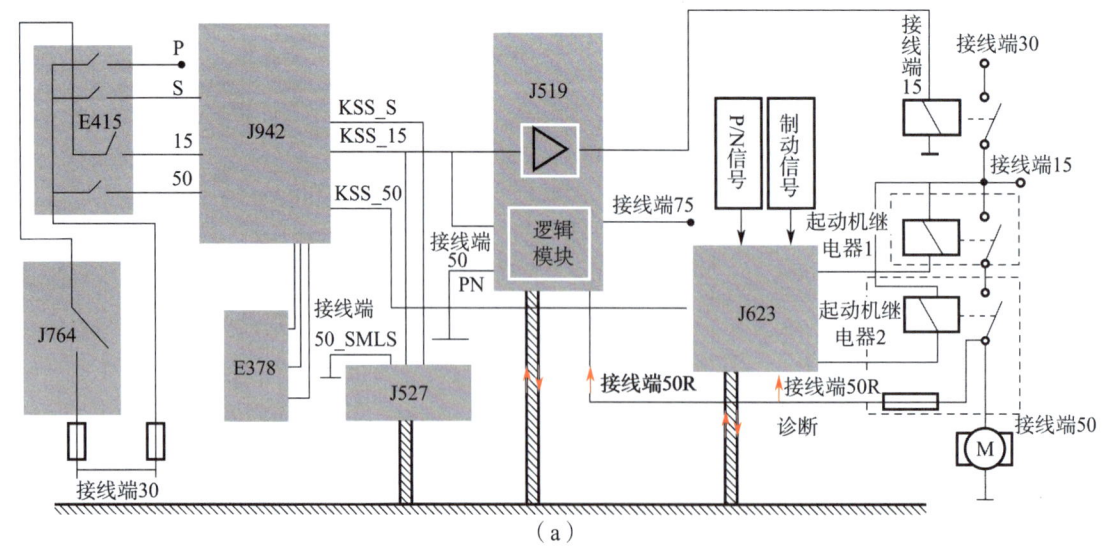

（a）

图 3-1 防盗和启动电路

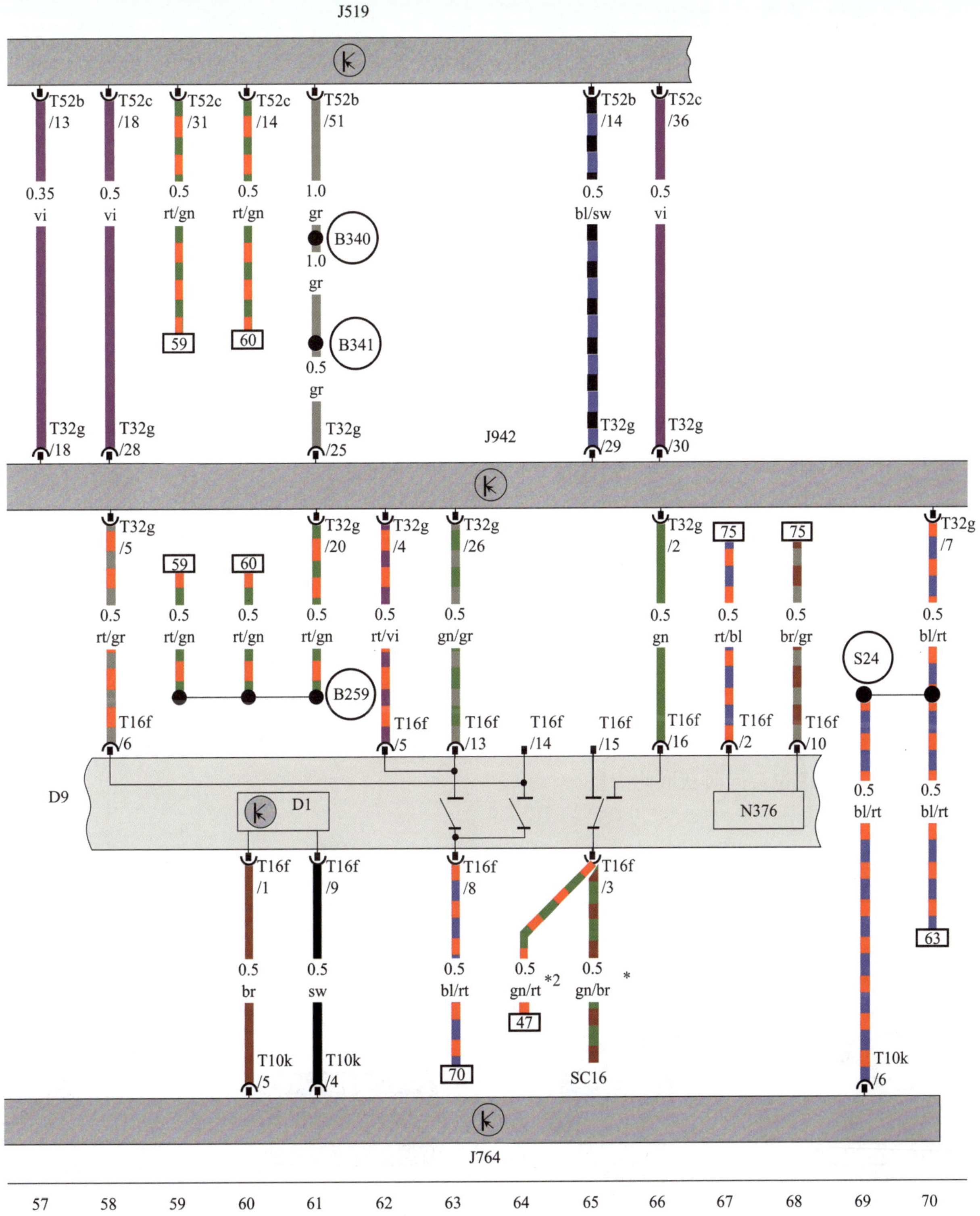

续图 3-1　防盗和启动电路

D1—防盗锁止系统读取单元；D9—电子点火开关；J764—转向柱锁止装置控制单元；

N376—点火钥匙拔出锁止电磁铁；SC16—熔丝架C上的熔丝16；E378—点火启动按键；J527—转向柱电子装置控制单元

2. 防盗和启动电路工作原理

（1）驾驶员可通过点火开关 E415 或点火启动按键 E378 操纵车辆。接线端 S 和接线端 15 电源由接线端控制单元 J942 根据点火启动按键 E378 的请求以电子方式产生，然后在收到请求时产生持续信号。接线端 S、15、50 会在接线端控制单元 J942 中被接通。

（2）当按下点火启动按键 E378 时，首先进行防盗验证，舒适系统中央控制单元 J393 通过进入及启动许可天线，识别点火钥匙并判断其是否合法。如果点火钥匙合法，J393 将发出唤醒信号至转向柱锁止装置控制单元 J764，使其内部开关接通，向接线端控制单元 J942 供电，进而使转向盘解锁。与此同时，J519 向端子 15 供电继电器提供电源，使端子 15 供电继电器向全车供电，进而使仪表指示灯亮起。

（3）启动时，接线端 50 的请求由 J942 以 200 ms 的矩形脉冲发送到发动机控制单元 J623。如果 J623 接收到启动条件信息，如 P/N 信号和制动信号（在手动变速器车辆上，离合器开关信号被视为启动条件），J623 就会接通它的两个起动机继电器，使起动机运转。

（4）如果 J942 在连续工作过程中失灵，作为紧急运行状态，它将继续为端子 15 供电继电器提供电源，直至识别到车速为零为止，然后断开点火开关，并将硬件和软件都切换到紧急运行状态（J942 内部）。这表示来自点火开关的接线端被连接，进而使车辆能够通过这种方式继续运行。点火启动按键 E378 不再起作用，其照明装置也被关闭，只要点火启动按键 E378 出现不可靠情况，就会执行以上动作。

（5）在处理 J942 接线端 50 的请求之前，发动机控制单元 J623 会通过起动机控制装置的诊断导线（用于反馈的接线端 50R）查询当前电压的可靠性。如不可靠，发动机控制单元 J623 就会中断启动。车载电网控制单元 J519 也会同时获取此信息。

二、任务准备

勾选出完成本任务所需要的物品。

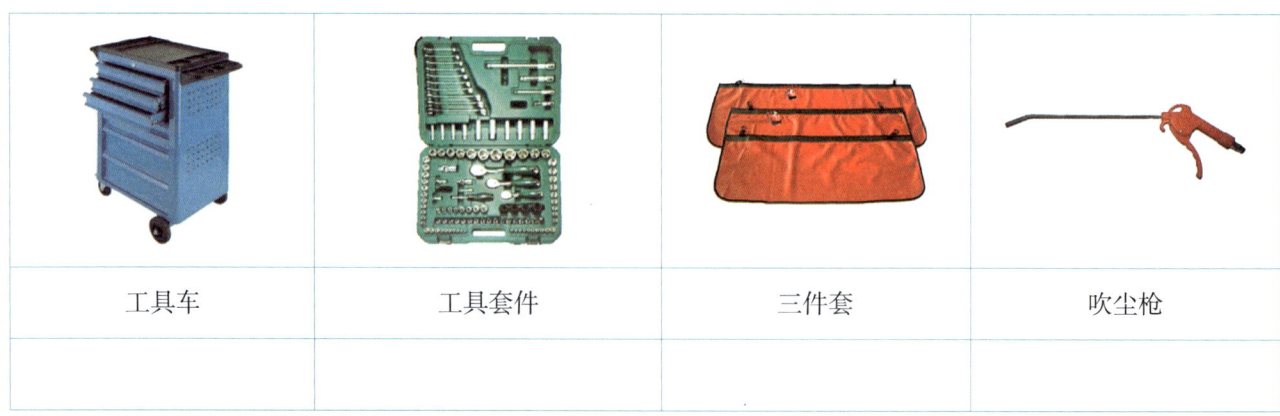

工具车	工具套件	三件套	吹尘枪

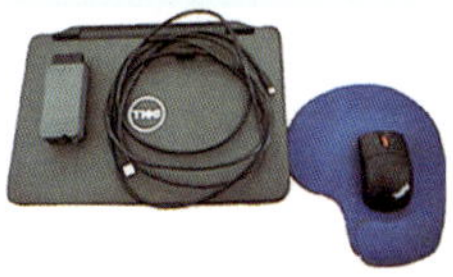 诊断仪	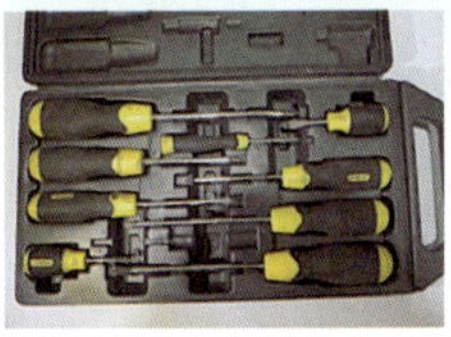 旋具套装	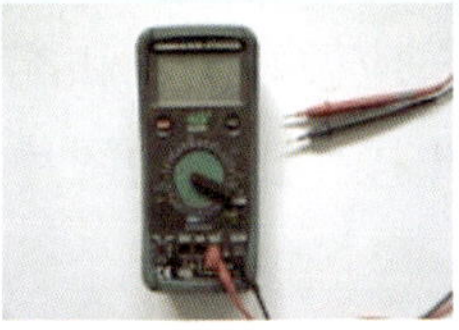 数字万用表	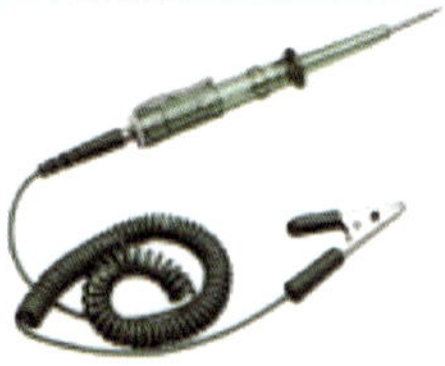 二极管试灯
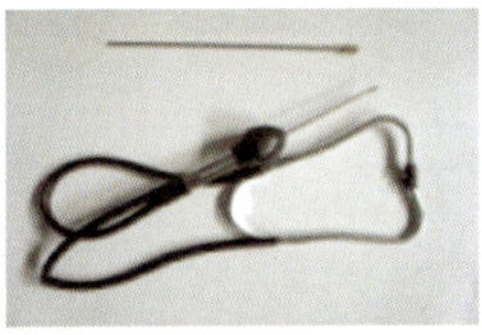 听诊器	 抹布	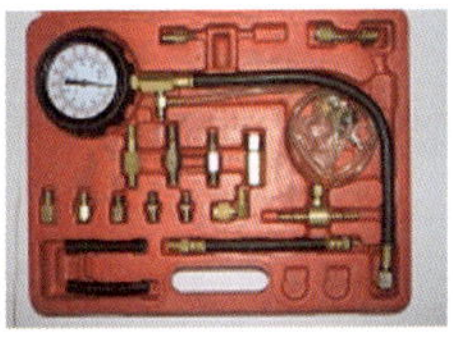 燃油压力表	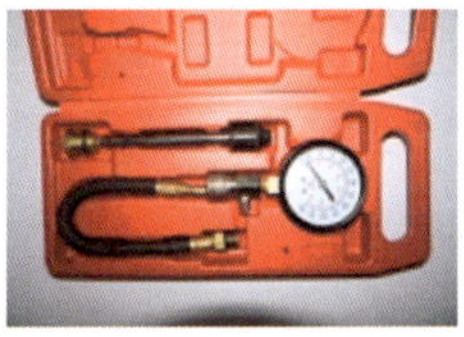 气缸压力表
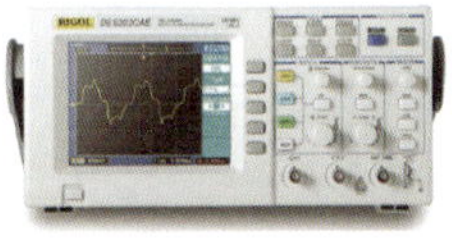 示波器	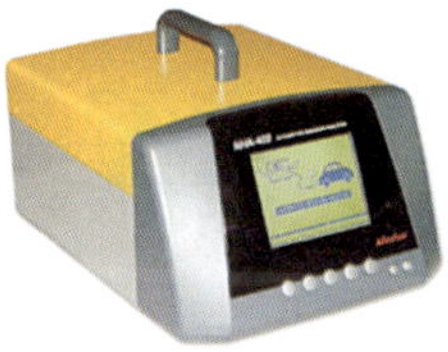 尾气分析仪	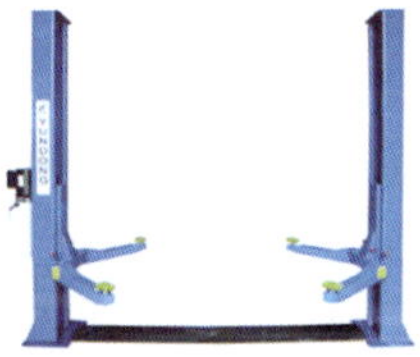 举升机	 实训车辆
 维修手册		 多楔传动带	

三、防护措施

（1）进入车间应穿工鞋，戴工帽；工作服应穿戴整洁，无皮肤裸露；操作时不可佩戴手表等金属首饰，以防划车辆表面。

（2）举升车辆时，应严格按照举升机操作规范进行操作，并通知其他人员远离举升机。

（3）更换油液或配件时，应做好油液和配件的回收清理工作，以免对工作环境造成污染。

观察下列操作图片，选出操作正确的图片。

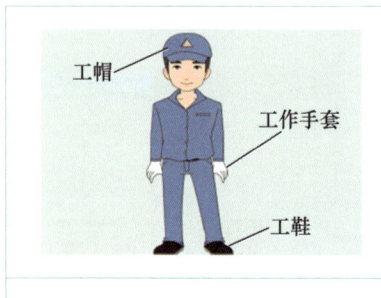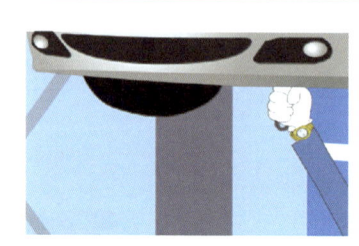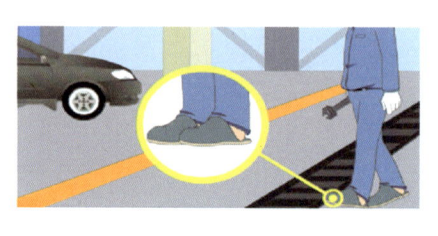

四、任务分配

任务分配见表3-1。

表 3-1   任务分配

职务	成员	姓名	工作内容
组长	技师A		监督、管理组员工作
组员	技师B		准备实训所需车辆及零配件
	技师C		
	技师D		准备实训所需工具及维修手册
	技师E		

五、任务实施

（一）操作流程

为每个操作流程中的工作内容排序并将序号填写在表3-2中。

表 3-2   发动机无法启动故障检查与修理操作步骤

操作流程	步骤	工作内容
故障验证		打开点火开关并启动发动机，检查发动机能否正常运转
		故障验证后关闭点火开关

续表

操作流程	步骤	工作内容
发动机基础检查		准备常用工具、诊断仪、数字万用表、二极管试灯
		检查发动机机油、冷却液、制动液液面是否正常
		将车辆停放在维修工位，拉起驻车制动器并将自动变速器置于空挡
		铺设三件套
		检查蓄电池电压是否正常
发动机故障自诊断		如果无法进入发动机自诊断系统，则检查熔丝 SB13、SB14 是否损坏；检查发动机控制单元电源、搭铁是否良好
		连接诊断仪，打开点火开关，进行发动机故障自诊断
		检查发动机控制单元 J623 的 CAN 数据总线波形是否正常。如不正常，则检查控制单元 J623 与数据总线诊断接口控制单元 J533 之间的 CAN 数据总线连接线路是否良好
		读取故障码，按照故障码提示进行故障检测，排除故障
		如果所有电控系统的自诊断系统都不能进入，则检查熔丝 SC1、SC13 是否损坏，诊断插座 U31 的电源、搭铁是否良好。如正常，则检查熔丝 SB15、SC7 是否损坏，数据总线诊断接口控制单元 J533 的电源、搭铁是否良好。如以上都正常，则数据总线诊断接口控制单元 J533 损坏，须更换
		如果无故障码，则查找相关维修手册（资料），根据发动机各系统工作原理进行故障分析、检测，排除故障
起动系统检查		打开点火开关，启动发动机，检查起动机能否正常运转
		如果起动机不运转，则检查发动机是否处于防盗状态。如果发动机处于防盗状态，则检查防盗系统是否有故障
		如果熔丝 SB30、SC10 有电，则检查继电器 J682 和 J710 是否损坏。如果正常，则检查继电器 J682 与熔丝 SC10、发动机控制单元 J623 之间的连接导线是否正常；检查继电器 J710 与熔丝 SC10、发动机控制单元 J623、起动机端子 T1v、车载电网控制单元 J519 之间的连接导线是否正常
		如果以上检查均正常，则使用诊断仪检查曲轴位置传感器 G28 和凸轮轴位置传感器 G40 的信号电压是否正常。如果传感器正常，则检查熔丝 SB13、SB14 是否正常。如果熔丝 SB13、SB14 正常，则检查发动机控制单元 J623 的电源、搭铁是否正常
		如果防盗系统正常，则检查起动挡状态下起动机端子 T1v 电压是否为 12 V。如果电压为 12 V，则故障为起动机损坏或起动机搭铁不良
		如果起动机端子 T1v 没有电压，则检查熔丝 SB30、SC10 是否有电。如果熔丝 SB30、SC10 没电，则检查熔丝 SB30、SC10 和继电器 J329 是否损坏。如果以上都正常，则检查继电器 J329 与控制单元 J519、熔丝（SB30、SC10）、搭铁之间的连接导线是否有故障

续表

操作流程	步骤	工作内容
起动系统检查		连接诊断仪，检查制动开关、变速器空挡启动开关是否正常
		如果以上检查均正常，则发动机控制单元 J623 损坏，须更换
点火系统检查		取下发动机舱盖，断开点火控制器插接器，取下点火控制器总成，插上火花塞，启动发动机，检查高压火花是否正常
		如果高压火花正常，则检查各缸火花塞及燃油供给系统是否有故障
		如果 1 号端子的工作电压是 12 V，则检查 3 号端子是否有点火信号电压
		如果 3 号端子有点火信号电压，则点火控制器总成损坏，须更换
		如果无高压火花，则检查点火控制器插接器 1 号端子的工作电压是否为 12 V，2 号和 4 号端子搭铁是否良好
		如果 1 号端子的工作电压不是 12 V，则检查熔丝 SB10、SB13 是否损坏，主继电器 J271 是否损坏
		如果 3 号端子无点火信号电压，则检查曲轴、凸轮轴位置传感器是否损坏
		如果曲轴、凸轮轴位置传感器正常，则检查发动机控制单元 J623 的电源、搭铁是否正常
		如果发动机控制单元 J623 的电源、搭铁正常，则发动机控制单元 J623 损坏，须更换
燃油供给系统检查		连接诊断仪，测量 106 组高压燃油系统的压力，检查燃油压力是否符合规定
		拆卸后排座椅，检查燃油泵控制单元 J538 端子 1 电压是否正常，端子 6 搭铁是否正常
		检查燃油泵控制单元 J538 端子 2 与发动机控制单元 J623、端子 7 与车载电网控制单元 J519 之间的连接导线是否正常
		拔下燃油泵插接器，检查燃油泵电阻是否符合规定
		拔下燃油压力调节阀 N276 的插头，观察发动机是否熄火。如果熄火，则低压燃油系统压力过低，不能维持发动机正常启动及运转，应检查电动燃油泵、燃油滤清器是否正常；否则查看高压燃油系统的压力，若压力约为 650 kPa，则低压燃油系统没有故障
		若高压燃油系统压力不符合规定，则检查高压燃油压力传感器 G247 是否损坏；若高压燃油系统无压力，则检查燃油泵熔丝 SC36 是否损坏
		检查燃油泵供油量是否符合规定
进气系统及传感器检查		检查节气门传感器、空气流量计、冷却液温度传感器、氧传感器、进气压力传感器的电源、搭铁、信号电压、数据流是否正常
		检查进气软管、活性炭罐、涡轮增压进气管等是否有泄漏之处
		检查空气滤清器是否堵塞，节气门是否脏污、卡滞

续表

操作流程	步骤	工作内容
发动机机械系统检查		检查发动机正时传动带（链条）是否错位、断裂
		检查发动机缸压是否正常
		检查三元催化器、排气管、消声器是否堵塞
		检查发动机曲柄连杆机构和配气机构是否正常

（二）实施记录

结合实施过程，对照表 3-3 所列项目进行检查，并记录实际的检查结果。

表 3-3　　　　　　　　　　　　　发动机无法启动故障检查与修理实施记录

序号	项目	故障检查	故障记录
1	故障验证	发动机运转慢 □　　　发动机不运转 □ 起动机发出"咔咔"声，不运转　　□　　　起动机无任何反应 □	
2	发动机基础检查	安全防护工作 □　　机油液面 □ 冷却液液面 □　　制动液液面 □　蓄电池电压：____V	
3	发动机故障自诊断	连接诊断仪检查 □　　不能进入自诊断系统□　　可以进入自诊断系统 □ 诊断插座 U31 检查□　　相关熔丝检查 □　　网关 J533 检查 □ 发动机 CAN 数据总线波形正常 □　　发动机 CAN 数据总线波形错误 □ 发动机控制单元 J623 电源、搭铁、熔丝检查 □ 网关 J533 电源、搭铁、熔丝检查 □ 发动机控制单元 J623 与网关 J533 之间的 CAN 数据总线连接检查 □ 诊断插座 U31 与网关 J533 之间的 CAN 数据总线连接检查 □ 读取故障码：有故障码 □　无故障码 □ 故障码记录：＿＿＿＿＿＿＿＿＿＿＿＿＿＿＿＿＿＿＿＿＿＿＿＿＿＿＿	
4	起动系统检查	起动机不运转　 □　起动机运转无力　 □　　起动机正常运转 □ 起动机端子 T1v 电压检测：电压为 12 V □　无电压 □ 启动电路熔丝、继电器检查：熔丝损坏 □　　继电器损坏 □ 启动电路熔丝、继电器、控制单元连接线路检查： 断路 □　短路 □　正常 □ 曲轴位置传感器 G28 检查： 电源、搭铁故障 □　传感器正常 □　　传感器故障 □ 凸轮轴位置传感器 G40 检查： 电源、搭铁故障 □　传感器正常 □　　传感器故障 □ 制动开关、空挡启动开关检查：开关正常 □　　开关损坏 □ 发动机控制单元 J623 检查：电源、搭铁故障 □　　J623 损坏 □	

续表

序号	项目	故障检查	故障记录
5	点火系统检查	高压火花检查：无高压火花 □　　高压火花弱 □　　高压火花正常 □ 火花塞检查：火花塞正常 □　　火花塞损坏 □ 点火控制器电路检查：电源、搭铁正常 □　　　电源、搭铁故障 □ 　　　　　　　　　　　　熔丝正常 □　　　　　　熔丝损坏 □ 　　　　　　　　　　　　继电器正常 □　　　　　继电器损坏 □ 点火信号检查：有点火信号 □　无点火信号 □　点火信号错误 □ 曲轴位置传感器 G28 检查： 电源、搭铁故障 □　　传感器正常 □　　　传感器故障 □ 凸轮轴位置传感器 G40 检查： 电源、搭铁故障 □　　传感器正常 □　　　传感器故障 □	
6	燃油供给系统检查	高压燃油压力检查：油压正常 □　　油压过低 □　　无油压 □ 油压测量值：_____kPa 燃油压力调节阀 N276 检查： 电磁阀正常 □　电磁阀损坏 □　　电源、搭铁故障 □ 高压燃油压力传感器 G247 检查： 传感器正常 □　传感器故障 □　　电源、搭铁故障 □ 燃油泵熔丝检查：熔丝正常 □　　　熔丝损坏　　　　　□ 燃油泵控制单元 J538 检查： 电源、搭铁故障 □　连接导线故障 □　J538 故障 □ 电动燃油泵检查：燃油泵正常 □　燃油泵损坏 □　燃油泵性能不良 □	
7	进气系统及传感器检查	进气系统检查：空气滤清器脏污、堵塞　　□　　进气软管破裂、漏气 □ 　　　　　　　各真空管脱落、破裂、泄漏 □ 　　　　　　　活性炭罐电磁阀常开　　□　废气循环阀常开 □ 　　　　　　　涡轮增压进气管破裂、泄漏 □　节气门脏污 □ 各传感器检测：有故障码 □　无故障码 □　读取数据流（测量值）□ 　　　　　　　连接导线故障 □　电源、搭铁故障 □ 　　　　　　　传感器正常 □　传感器故障 □ 故障码记录：_____ 　　　　　　_____	
8	发动机机械系统检查	发动机缸压检测：缸压正常 □　缸压过低 □　个别缸压低 □ 缸压检测值：1 缸____ 2 缸____ 3 缸____ 4 缸____ 配气正时检查：正时传动带磨损　　□　正时传动带断裂 □ 　　　　　　　正时链条断裂　　　□ 排气装置检查：三元催化器堵塞　　□　排气管、消声器堵塞 □ 发动机拆装及检查：曲柄连杆机构故障 □　配气机构故障 □	

续表

序号	项目	故障检查	故障记录

根据任务操作流程和故障排除过程，总结发动机无法启动故障排除思路，并写在下面。

_____

_____

_____

_____

_____

_____

六、检查

（一）自检

结合本组任务操作流程，对任务执行过程中的操作规范性进行检查，检查是否存在以下问题，分析、讨论应如何避免并总结规范的操作方法（表3-4）。

表 3-4　　　　　　　　　　　　　　　　　自检

检查项目	检查结果
车辆停放位置是否合适，是否将变速器置于空挡并拉紧驻车制动器	
是否使用三件套对车辆进行防护	
是否按规范操作举升机，是否注意人身安全	
发动机基础检查项目是否正常	
发动机CAN数据总线波形是否正常	
是否能进入发动机故障自诊断系统	
发动机无法启动故障是否排除	
工作场地是否清洁，车辆是否复位	

（二）互检

小组成员之间相互进行任务操作过程及结果检查，并把检查结果填写在表 3-5 中。

表 3-5　　　　　　　　　　　　　　　互检

检查项目	检查结果
车辆停放位置是否合适，是否将变速器置于空挡并拉紧驻车制动器	
是否使用三件套对车辆进行防护	
是否按规范操作举升机，是否注意人身安全	
发动机基础检查项目是否正常	
发动机 CAN 数据总线波形是否正常	
是否能进入发动机故障自诊断系统	
发动机无法启动故障是否排除	
工作场地是否清洁，车辆是否复位	

七、课堂小结

实操视频

任务四　发动机无法启动故障检查与修理（四）

发动机无法启动故障检查与修理（四）任务工单——进气系统及传感器检查			
客户信息	姓名		电话
车辆信息	车型	VIN	行驶里程

故障检修	发动机故障验证 □　发动机基础检查 □　发动机故障自诊断 □　读取与清除故障码 □ 读取数据流（测量值）□　基本设定 □　CAN数据总线检修 □　起动系统故障检修 □ 点火系统故障检修 □　燃油系统故障检修 □　进气系统故障检修 □　机械系统故障检修 □ 客户描述：

车辆外观检查		车辆内部检查	
凹凸 □		污渍 □	
划痕 □		破损 □	
石击 □		色斑 □	
油漆 □		变形 □	

明确具体工作任务	

- 掌握发动机无法启动故障检查与修理的思路
- 能够正确使用检测设备和仪器进行故障检测
- 能够正确填写维修工单，进行质量检查

- 大众迈腾轿车燃油控制系统
- 发动机无法启动故障诊断树

- 发动机无法启动故障诊断树
- 大众迈腾轿车燃油供给系统组成

- 发动机无法启动故障排除

一、知识讲解

（一）大众迈腾轿车燃油控制系统

1. 燃油供给系统组成

迈腾轿车燃油供给系统主要由电动燃油泵、低压燃油压力传感器G410、燃油高压泵、燃油压力调节阀N276、高压燃油压力传感器G247、燃油轨道、压力限制阀、喷油阀、发动机控制单元ECU和燃油泵控制单元J538等组成，如图4-1所示。

2. 燃油供给系统工作原理

迈腾轿车燃油泵控制模块电路如图4-2所示。

（1）低压燃油供给系统的压力是由燃油箱中的电动燃油泵提供的。装在燃油箱上部的燃油泵控制单元J538根据脉宽调制信号控制电动燃油泵工作，使低压燃油供给系统压力维持在50～650 kPa，用以保证发动机的正常启动及运转。

（2）燃油高压泵（由凸轮轴驱动）把低压燃油供给系统内50～650 kPa低压燃油转化为最高约15 MPa的高压燃油，以满足不同工况的需求。燃油压力调节阀N276装在燃油高压泵上，发动机控制单元根据高压燃油压力传感器G247所监测到的信号，控制N276精确调整占空比，从而得到所需的燃油压力。

（3）在发动机启动时，低压燃油供给系统的压力可达600 kPa以上，用以保证发动机的正常启动及工作。高压泵产生的压力约为15 MPa，其活塞被凸轮轴通过圆柱挺杆驱动，从而减小摩擦力和链条受力，使发动机运转更平顺，燃油经济性更好。

（4）高压喷油器的主要作用是正确计量出燃油量，并使燃油形成细雾，在正确的时间将其准确喷

到燃烧室内相应区域。单孔高压喷油器燃油喷束角为70°，喷束倾角为20°，故可在短时间内喷出大量燃油，从而满足发动机的需要。

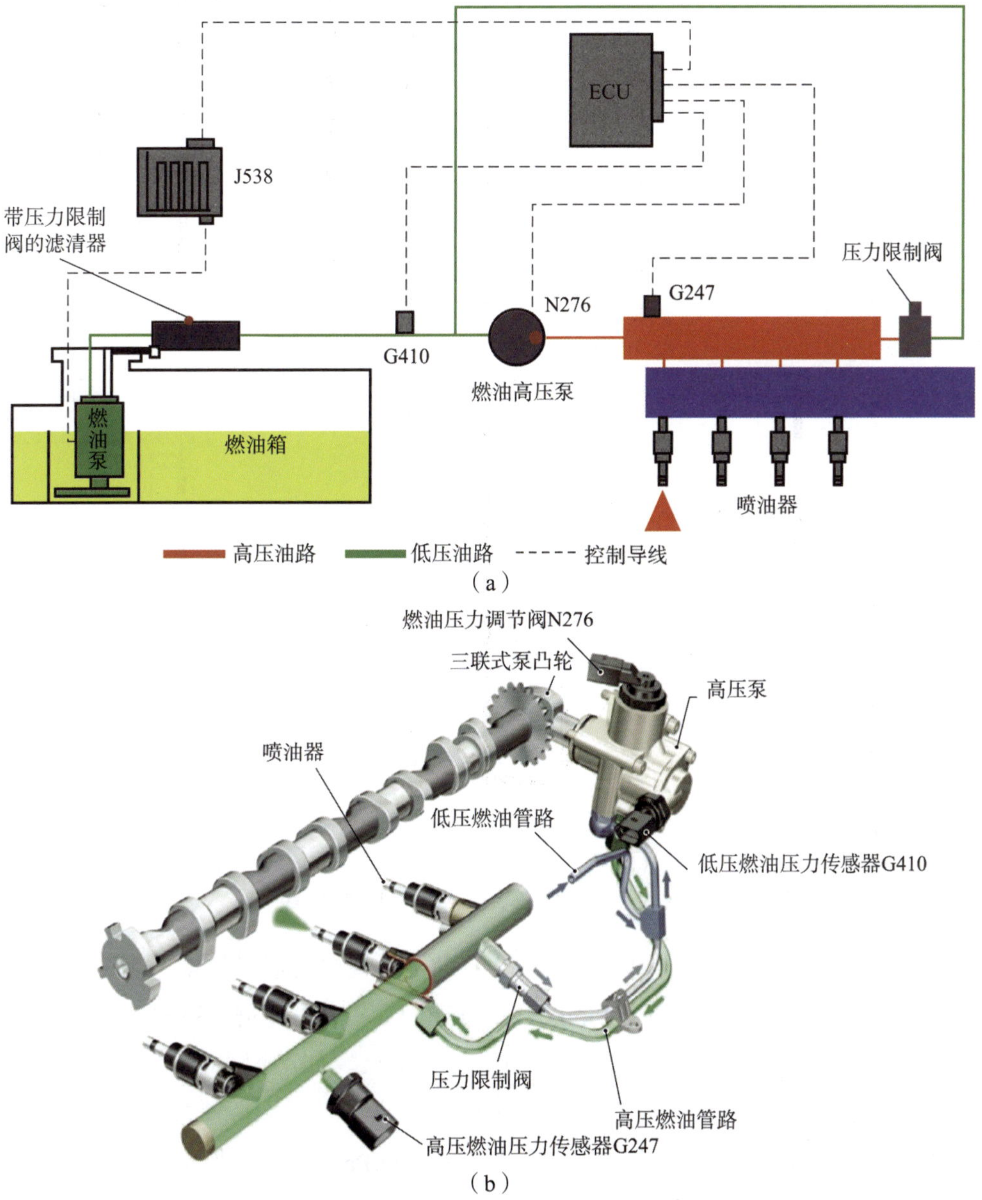

（a）

图例：—— 高压油路　—— 低压油路　----- 控制导线

（b）

图4-1　迈腾轿车燃油供给系统组成

3. 燃油供给系统故障检修

在排除故障之前，应用故障诊断仪VAS5052或VAS5053读取燃油供给系统的故障码、数据流，然后根据检测的结果分析故障原因。在排除迈腾1.8TSI轿车燃油供给系统故障时，应注意以下几个问题：

（1）当燃油压力调节阀N276不工作时，电子节气门（EPC）灯会亮起。路试时会出现车辆加速缓慢的现象。即使加速踏板被踩到底，发动机转速也只约为3 000 r/min。由于燃油压力调节阀N276是高频电磁阀，因此不能进行通电测试，否则N276会被烧坏。

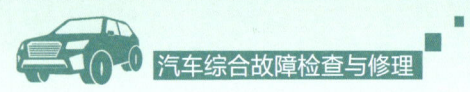

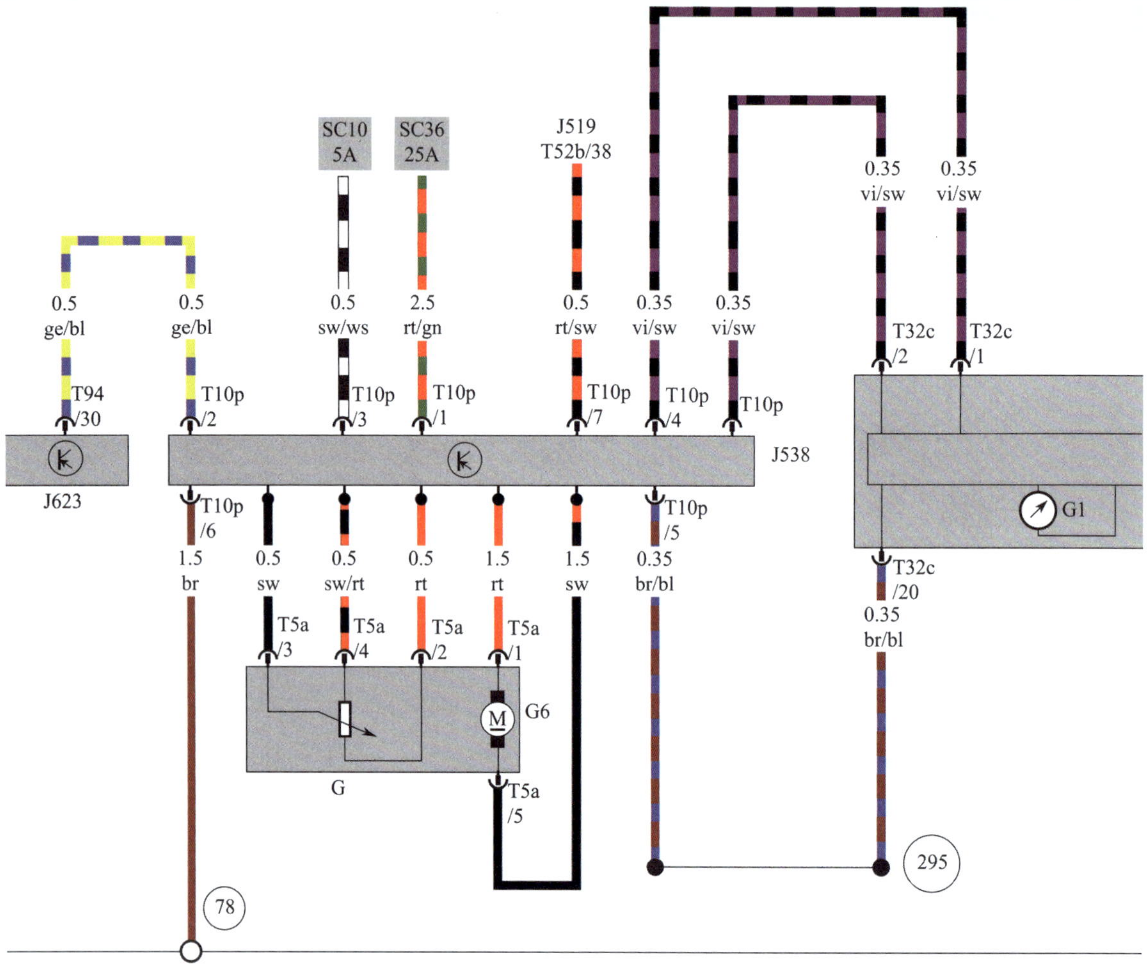

图 4-2   迈腾轿车燃油泵控制模块电路

（2）当电动燃油泵出现间歇性故障时，发动机会出现无规律的启动困难故障，同时会出现故障码 08851（燃油压力调节阀机械故障）。在排除此故障时，可以先检查迈腾 1.8TSI 轿车发动机低压燃油系统。具体步骤如下：拔下 N276 的插头，观察发动机是否熄火。如果熄火，则低压燃油系统压力过低，不能维持发动机正常启动及运转，应检查电动燃油泵、燃油滤清器是否正常；否则查看数据流 01-08-106 组的 1 区数值（高压燃油系统的压力），若压力约为 650 kPa，则低压燃油系统没有故障。

（3）拆装高压喷油器时，必须使用四氟乙烯密封圈。密封圈被推到高压喷油器上时应胀大，到达密封槽后应收缩；否则密封圈不合格。第一道密封圈整形需使用专用工具 T10133/7，第二道密封圈整形需使用专用工具 T10133/8。

（4）在维修及诊断燃油供给系统故障时，切勿完全相信故障码。有时虽然在发动机系统中出现燃油压力调节阀的故障码，但实质上并非燃油压力调节阀出现故障，而可能是燃油滤清器压力限制阀出现故障或电动燃油泵磨损导致低压燃油系统压力异常，以致即使燃油压力调节阀被调节到极限位置也无法使压力正常。

（5）由于迈腾 1.8TSI 轿车燃油供给系统与传统轿车的燃油供给系统不同，因此在维修及诊断迈腾 1.8TSI 轿车燃油供给系统故障时，要结合维修资料，仔细分析其工作原理。只有在了解了其工作原理

的前提下去分析故障原因，才能事半功倍。

（二）发动机无法启动故障诊断树

发动机无法启动故障诊断树如图 4-3 所示。

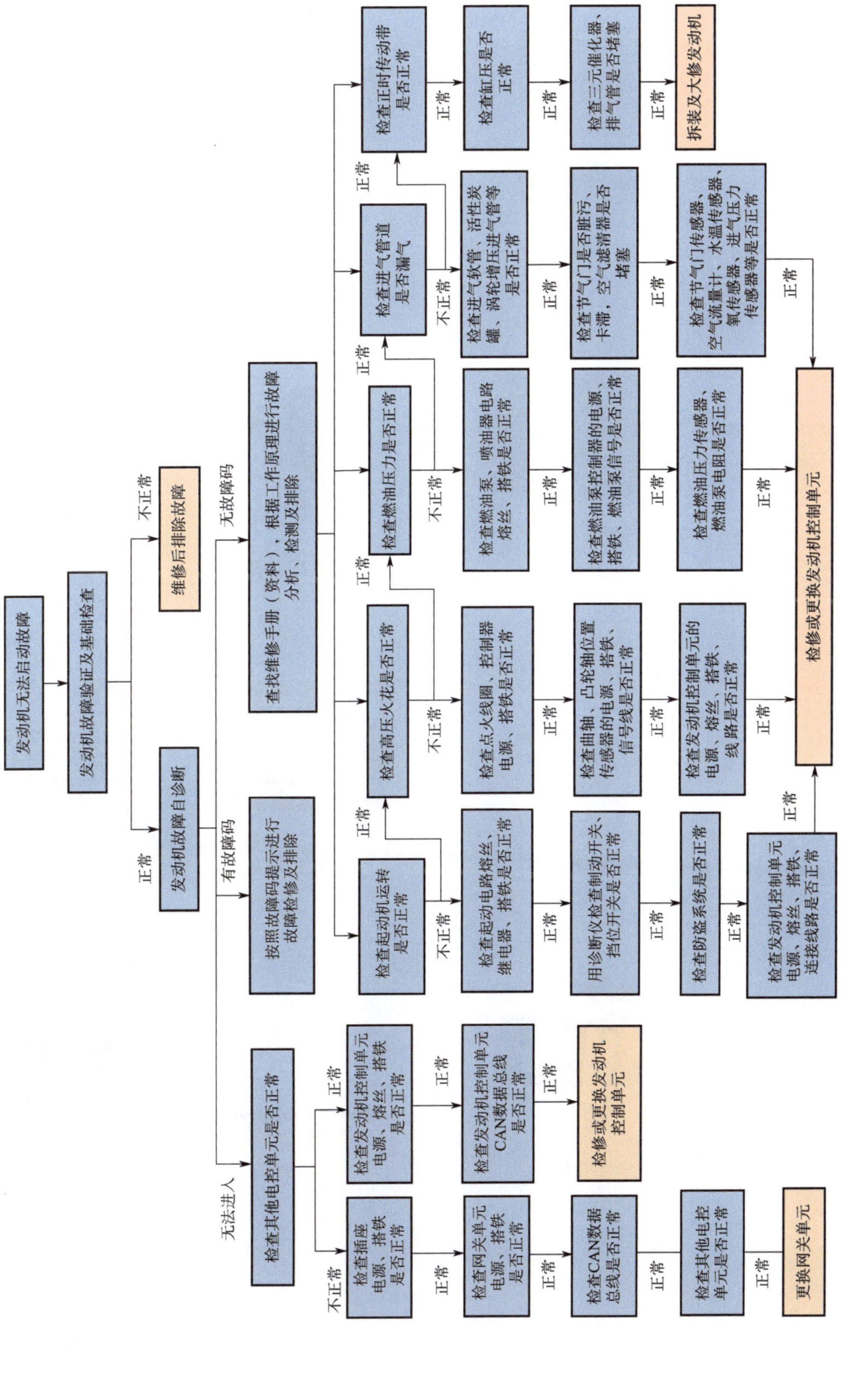

图 4-3 发动机无法启动故障诊断树

二、任务准备

勾选出完成本任务所需要的物品。

工具车	工具套件	三件套	吹尘枪
诊断仪	旋具套装	数字万用表	二极管试灯
听诊器	抹布	燃油压力表	气缸压力表
示波器	尾气分析仪	举升机	实训车辆

维修手册	多楔传动带

三、防护措施

（1）进入车间应穿工鞋，戴工帽；工作服应穿戴整洁，无皮肤裸露；操作时不可佩戴手表等金属首饰，以防划车辆表面。

（2）举升车辆时，应严格按照举升机操作规范进行操作，并通知其他人员远离举升机。

（3）更换油液或配件时，应做好油液和配件的回收清理工作，以免对工作环境造成污染。

观察下列操作图片，选出操作正确的图片。

	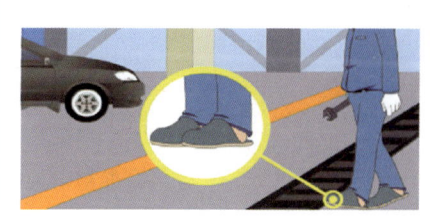

四、任务分配

任务分配见表4-1。

表 4-1　　　　　　　　　　　　　　　任务分配

职务	成员	姓名	工作内容
组长	技师A		监督、管理组员工作
组员	技师B		准备实训所需车辆及零配件
	技师C		

职务	成员	姓名	工作内容
组员	技师D		准备实训所需工具及维修手册
	技师E		

五、任务实施

（一）操作流程

为每个操作流程中的工作内容排序并将序号填写在表4-2中。

表 4-2   发动机无法启动故障检查与修理操作步骤

操作流程	步骤	工作内容
故障验证		打开点火开关并启动发动机，检查发动机能否正常运转
		故障验证后关闭点火开关
发动机基础检查		准备常用工具、诊断仪、数字万用表、二极管试灯
		检查发动机机油、冷却液、制动液液面是否正常
		将车辆停放在维修工位，拉起驻车制动器并将自动变速器置于空挡
		铺设三件套
		检查蓄电池电压是否正常
发动机故障自诊断		如果无法进入发动机自诊断系统，则检查熔丝 SB13、SB14 是否损坏；检查发动机控制单元电源、搭铁是否良好
		连接诊断仪，打开点火开关，进行发动机故障自诊断
		检查发动机控制单元 J623 的 CAN 数据总线波形是否正常。如不正常，则检查控制单元 J623 与数据总线诊断接口控制单元 J533 之间的 CAN 数据总线连接线路是否良好
		读取故障码，按照故障码提示进行故障检测，排除故障
		如果所有电控系统的自诊断系统都不能进入，则检查熔丝 SC1、SC13 是否损坏，诊断插座 U31 的电源、搭铁是否良好。如正常，则检查熔丝 SB15、SC7 是否损坏，数据总线诊断接口控制单元 J533 的电源、搭铁是否良好。如以上都正常，则数据总线诊断接口控制单元 J533 损坏，须更换
		如果无故障码，则查找相关维修手册（资料），根据发动机各系统工作原理进行故障分析、检测，排除故障

续表

操作流程	步骤	工作内容
起动系统检查		打开点火开关，启动发动机，检查起动机能否正常运转
		如果起动机不运转，则检查发动机是否处于防盗状态。如果发动机处于防盗状态，则检查防盗系统是否有故障
		如果熔丝SB30、SC10有电，则检查继电器J682和J710是否损坏。如果正常，则检查继电器J682与熔丝SC10、发动机控制单元J623之间的连接导线是否正常；检查继电器J710与熔丝SC10、发动机控制单元J623、起动机端子T1v、车载电网控制单元J519之间的连接导线是否正常
		如果以上检查均正常，则使用诊断仪检查曲轴位置传感器G28和凸轮轴位置传感器G40的信号电压是否正常。如果传感器正常，则检查熔丝SB13、SB14是否正常。如果熔丝SB13、SB14正常，则检查发动机控制单元J623的电源、搭铁是否正常
		如果防盗系统正常，则检查起动挡状态下起动机端子 T1v电压是否为 12 V。如果电压为 12 V，则故障为起动机损坏或起动机搭铁不良
		如果起动机端子T1v没有电压，则检查熔丝SB30、SC10是否有电。如果熔丝SB30、SC10没电，则检查熔丝SB30、SC10和继电器J329是否损坏。如果以上都正常，则检查继电器J329与控制单元J519、熔丝（SB30、SC10）、搭铁之间的连接导线是否有故障
		连接诊断仪，检查制动开关、变速器空挡启动开关是否正常
		如果以上检查均正常，则发动机控制单元J623 损坏，须更换
点火系统检查		取下发动机舱盖，断开点火控制器插接器，取下点火控制器总成，插上火花塞，启动发动机，检查高压火花是否正常
		如果高压火花正常，则检查各缸火花塞及燃油供给系统是否有故障
		如果1 号端子的工作电压是12 V，则检查 3 号端子是否有点火信号电压
		如果3 号端子有点火信号电压，则点火控制器总成损坏，须更换
		如果无高压火花，则检查点火控制器插接器 1 号端子的工作电压是否为12 V，2 号和 4 号端子搭铁是否良好
		如果1 号端子的工作电压不是12 V，则检查熔丝 SB10、SB13 是否损坏，主继电器 J271 是否损坏
		如果3 号端子无点火信号电压，则检查曲轴、凸轮轴位置传感器是否损坏
		如果曲轴、凸轮轴位置传感器正常，则检查发动机控制单元 J623 的电源、搭铁是否正常
		如果发动机控制单元 J623 的电源、搭铁正常，则发动机控制单元 J623 损坏，须更换

续表

操作流程	步骤	工作内容
燃油供给系统检查		连接诊断仪，测量106组高压燃油系统的压力，检查燃油压力是否符合规定
		拆卸后排座椅，检查燃油泵控制单元J538端子1电压是否正常，端子6搭铁是否正常
		检查燃油泵控制单元J538端子2与发动机控制单元J623、端子7与车载电网控制单元J519之间的连接导线是否正常
		拔下燃油泵插接器，检查燃油泵电阻是否符合规定
		拔下燃油压力调节阀N276的插头，观察发动机是否熄火。如果熄火，则低压燃油系统压力过低，不能维持发动机正常启动及运转，应检查电动燃油泵、燃油滤清器是否正常；否则查看高压燃油系统的压力，若压力约为650 kPa，则低压燃油系统没有故障
		若高压燃油系统压力不符合规定，则检查高压燃油压力传感器G247是否损坏；若高压燃油系统无压力，则检查燃油泵熔丝SC36是否损坏
		检查燃油泵供油量是否符合规定
进气系统及传感器检查		检查节气门传感器、空气流量计、冷却液温度传感器、氧传感器、进气压力传感器的电源、搭铁、信号电压、数据流是否正常
		检查进气软管、活性炭罐、涡轮增压进气管等是否有泄漏之处
		检查空气滤清器是否堵塞，节气门是否脏污、卡滞
发动机机械系统检查		检查发动机正时传动带（链条）是否错位、断裂
		检查发动机缸压是否正常
		检查三元催化器、排气管、消声器是否堵塞
		检查发动机曲柄连杆机构和配气机构是否正常

（二）实施记录

结合实施过程，对照表4-3所列项目进行检查，并记录实际的检查结果。

表4-3　　　　　　　　　　发动机无法启动故障检查与修理实施记录

序号	项目	故障检查	故障记录
1	故障验证	发动机运转慢 □　　发动机不运转 □ 起动机发出"咔咔"声，不运转 □　　起动机无任何反应 □	
2	发动机基础检查	安全防护工作 □　机油液面 □ 冷却液液面 □　制动液液面 □　蓄电池电压：____V	

续表

序号	项目	故障检查	故障记录
3	发动机故障自诊断	连接诊断仪检查　□不能进入自诊断系统　□可以进入自诊断系统　□ 诊断插座 U31 检查　□　相关熔丝检查　□网关 J533 检查　□ 发动机 CAN 数据总线波形正常　□　发动机 CAN 数据总线波形错误　□ 发动机控制单元 J623 电源、搭铁、熔丝检查　□ 网关 J533 电源、搭铁、熔丝检查　□ 发动机控制单元 J623 与网关 J533 之间的 CAN 数据总线连接检查　□ 诊断插座 U31 与网关 J533 之间的 CAN 数据总线连接检查　□ 读取故障码：有故障码　□　无故障码　□ 故障码记录：＿＿＿＿＿＿＿＿＿＿＿＿＿＿＿＿＿＿＿＿＿ ＿＿＿＿＿＿＿＿＿＿＿＿＿＿＿＿＿＿＿＿＿＿＿＿＿	
4	起动系统检查	起动机不运转　□　起动机运转无力　□　起动机正常运转　□ 起动机端子 T1v 电压检测：电压为 12 V　□　无电压　□ 启动电路熔丝、继电器检查：熔丝损坏　□　继电器损坏　□ 启动电路熔丝、继电器、控制单元连接线路检查： 断路　□　短路　□　正常　□ 曲轴位置传感器 G28 检查： 电源、搭铁故障　□　传感器正常　□　传感器故障　□ 凸轮轴位置传感器 G40 检查： 电源、搭铁故障　□　传感器正常　□　传感器故障　□ 制动开关、空挡启动开关检查：开关正常　□　开关损坏　□ 发动机控制单元 J623 检查：电源、搭铁故障　□　J623 损坏　□	
5	点火系统检查	高压火花检查：无高压火花　□　高压火花弱　□　高压火花正常　□ 火花塞检查：火花塞正常　□　火花塞损坏　□ 点火控制器电路检查：电源、搭铁正常　□　电源、搭铁故障　□ 　　　　　　　　　　熔丝正常　□　　熔丝损坏　□ 　　　　　　　　　　继电器正常　□　继电器损坏　□ 点火信号检查：有点火信号　□　无点火信号　□　点火信号错误　□ 曲轴位置传感器 G28 检查： 电源、搭铁故障　□　传感器正常　□　传感器故障　□ 凸轮轴位置传感器 G40 检查： 电源、搭铁故障　□　传感器正常　□　传感器故障　□	
6	燃油供给系统检查	高压燃油压力检查：油压正常　□　油压过低　□　无油压　□ 油压测量值：＿＿＿＿＿kPa 燃油压力调节阀 N276 检查： 电磁阀正常　□　电磁阀损坏　□　电源、搭铁故障　□ 高压燃油压力传感器 G247 检查： 传感器正常　□　传感器故障　□　电源、搭铁故障　□ 燃油泵熔丝检查：熔丝正常　□　熔丝损坏　□ 燃油泵控制单元 J538 检查： 电源、搭铁故障　□　连接导线故障　□　J538 故障　□ 电动燃油泵检查：燃油泵正常　□　燃油泵损坏　□　燃油泵性能不良□	

序号	项目	故障检查	故障记录
7	进气系统及传感器检查	进气系统检查：空气滤清器脏污、堵塞 □　　进气软管破裂、漏气 □ 各真空管脱落、破裂、泄漏□ 活性炭罐电磁阀常开 □　　废气循环阀常开 □ 涡轮增压进气管破裂、泄漏□　节气门脏污 □ 各传感器检测：有故障码 □　无故障码 □　读取数据流（测量值）□ 连接导线故障 □　电源、搭铁故障 □ 传感器正常 □　传感器故障 □ 故障码记录：＿＿＿＿＿＿＿＿＿＿＿＿＿＿＿＿＿＿＿ ＿＿＿＿＿＿＿＿＿＿＿＿＿＿＿＿＿＿＿＿＿＿＿＿＿	
8	发动机机械系统检查	发动机缸压检测：缸压正常 □　缸压过低 □　个别缸压低 □ 缸压检测值：1缸＿＿ 2缸＿＿ 3缸＿＿ 4缸＿＿ 配气正时检查：正时传动带磨损 □　正时传动带断裂 □ 正时链条断裂 □ 排气装置检查：三元催化器堵塞 □　排气管、消声器堵塞 □ 发动机拆装及检查：曲柄连杆机构故障 □　配气机构故障 □	

根据任务操作流程和故障排除过程，总结发动机无法启动故障排除思路，并写在下面。

＿＿＿

＿＿＿

＿＿＿

六、检查

（一）自检

结合本组任务操作流程，对任务执行过程中的操作规范性进行检查，检查是否存在以下问题，分析、讨论应如何避免并总结规范的操作方法（表4-4）。

表4-4　　　　　　　　　　　　　　　　　自检

检查项目	检查结果
车辆停放位置是否合适，是否将变速器置于空挡并拉紧驻车制动器	
是否使用三件套对车辆进行防护	
是否按规范操作举升机，是否注意人身安全	
发动机基础检查项目是否正常	
发动机CAN数据总线波形是否正常	

续表

检查项目	检查结果
是否能进入发动机故障自诊断系统	
发动机无法启动故障是否排除	
工作场地是否清洁，车辆是否复位	

（二）互检

小组成员之间相互进行任务操作过程及结果检查，并把检查结果填写在表4-5中。

表 4-5 　　　　　　　　　　　　　　　　互检

检查项目	检查结果
车辆停放位置是否合适，是否将变速器置于空挡并拉紧驻车制动器	
是否使用三件套对车辆进行防护	
是否按规范操作举升机，是否注意人身安全	
发动机基础检查项目是否正常	
发动机CAN数据总线波形是否正常	
是否能进入发动机故障自诊断系统	
发动机无法启动故障是否排除	
工作场地是否清洁，车辆是否复位	

七、课堂小结

实操视频

发动机怠速抖动故障检查与修理（一）任务工单——基础检查及故障自诊断			
客户信息	姓名		电话
车辆信息	车型	VIN	行驶里程

故障检修	发动机故障验证 □　发动机基础检查 □　发动机故障自诊断 □　读取与清除故障码 □
	读取数据流（测量值）□　基本设定 □　CAN数据总线检修 □　电控系统故障检修 □
	点火系统故障检修 □　燃油系统故障检修 □　进气系统故障检修 □　机械系统故障检修 □
	客户描述：

车辆外观检查		车辆内部检查	
凹凸 □		污渍 □	
划痕 □		破损 □	
石击 □		色斑 □	
油漆 □		变形 □	

明确具体工作任务	

- 能够对发动机怠速抖动故障现象进行故障验证
- 能够根据发动机怠速抖动故障树进行故障检测、维修与排除
- 能够正确使用检测设备和检测仪器进行故障检测
- 能够完成故障部件的检查、更换和维修
- 能够正确填写维修工单，进行质量检查

- 发动机怠速抖动故障原因
- 发动机怠速抖动故障判别方法
- 发动机怠速抖动故障排除

- 发动机怠速抖动故障判别方法
- 发动机怠速抖动故障排除

- 发动机无法启动故障排除

一、知识讲解

（一）发动机怠速抖动的原因

发动机工作时，气缸内气体压力的变化会引起各气缸功率不平衡，使活塞在做功行程中所受水平方向分力不一致，从而导致发动机怠速抖动，工作不稳定。

（二）发动机怠速抖动故障判别方法

（1）观察发动机缸体抖动程度，怠速平稳时机油尺刻度线显示清晰；怠速抖动时机油尺看起来有重影。

（2）观察发动机转速表，怠速抖动时转速以怠速期望值为中心上下剧烈抖动，或在怠速期望值一侧剧烈抖动。

（3）原地启动发动机，坐在座椅上感觉车身抖动程度。

（三）发动机怠速抖动故障类型及故障原因

1. 发动机怠速抖动故障类型

发动机怠速抖动故障类型见表5-1。

表 5-1 发动机怠速抖动故障类型

序号	分类标准	故障种类
1	冷却液温度	（1）冷车（冷却液温度低于50℃）怠速抖动 （2）热车（冷却液温度高于50℃）怠速抖动
2	规律性	（1）有规律怠速抖动 （2）无规律怠速抖动
3	抖动程度	（1）正常怠速，以怠速期望值 ±10 r/min 抖动 （2）一般抖动，以怠速期望值 ±20 r/min 抖动 （3）严重抖动，超过怠速期望值 ±20 r/min 抖动 （4）在怠速期望值一侧剧烈抖动
4	原因	（1）直接原因：机械零部件脏污、磨损、安装不正确等，导致个别气缸功率变化，从而造成各气缸功率不平衡 （2）间接原因：发动机电控系统不正常，导致混合气燃烧不充分，造成各气缸功率不平衡

2．发动机怠速抖动故障原因

发动机怠速抖动故障原因见表5-2。

表 5-2 发动机怠速抖动故障原因

故障部位	故障原因
进气系统	（1）进气总管卡子松动或胶管破裂，进气歧管衬垫漏气，进气歧管破损 （2）曲轴箱强制通风（PCV）阀开度大，活性炭罐阀常开，废气再循环（EGR）阀关闭不严，真空管插头脱落、破裂 （3）节气门和进气道脏污或积碳 （4）怠速空气执行元件故障，节气门电动机损坏或卡滞 （5）空气流量计或其线路故障，进气压力传感器或其线路故障，发动机控制单元插头接触不良或其内部故障
燃油供给系统	（1）点火触发信号缺失，点火模块故障，一次线圈或二次线圈故障 （2）火花塞故障，高压导线损坏 （3）空气流量计或进气压力信号故障，霍尔传感器故障，冷却液温度传感器故障，进气温度传感器故障，爆震传感器故障，发动机控制单元损坏
机械结构	（1）正时传动带错位，气门工作面与气门座圈积碳过多，气门密封不严，凸轮轴的凸轮磨损，气门推杆磨损或弯曲，摇臂磨损，气门卡住或漏气，气门弹簧折断等 （2）气缸衬垫烧蚀或损坏，活塞环损坏，活塞环槽内积碳过多，活塞与气缸磨损，气缸圆度、圆柱度差，连杆弯曲，燃烧室积碳严重 （3）曲轴、飞轮、曲轴传动带轮等转动部件动平衡不合格，发动机支脚垫损坏，发动机底护板因变形与曲轴箱底壳相撞击
其他原因	（1）三元催化器堵塞 （2）自动变速器、空调、转向助力器等故障 （3）发动机控制单元与空调、自动变速器控制单元之间的怠速提升信号中断 （4）装有CAN数据总线的车辆总线系统故障

（四）发动机怠速抖动故障诊断流程

1. 故障验证

（1）起动发动机，判断怠速抖动故障类型是车身和底盘抖动还是发动机抖动。

（2）如果怠速抖动故障类型是车身和底盘抖动，则检查车身和底盘系统的故障；否则进行其他故障检查。

2. 发动机基础检查

（1）将车辆停放在维修工位，拉起驻车制动器并将自动变速器置于空挡，铺设三件套。

（2）准备常用工具、诊断仪、数字万用表、二极管试灯、气缸压力表。

（3）检查发动机机油、冷却液、制动液液面是否正常。

（4）检查蓄电池电压是否正常。

3. 发动机故障自诊断

（1）连接诊断仪，打开点火开关，进行发动机故障自诊断。

（2）如果无法进入发动机自诊断系统，则检查发动机控制单元 J623 及其电源、熔丝、搭铁、CAN 数据总线是否有故障。

（3）如果所有电控系统自诊断系统都不能进入，则检查诊断插座 U31 电源、搭铁，数据总线诊断接口 J533 电源、搭铁，CAN 数据总线是否有故障。

（4）读取故障码，按照故障码提示进行故障检测，排除故障。

（5）如果无故障码，则查找相关维修手册（资料），根据发动机各系统工作原理进行故障分析、检测，排除故障。

4. 进气系统检查

（1）检查空气滤清器是否脏污、堵塞，各进气软管、真空管是否破裂、泄漏，卡子是否松动。

（2）检查各导线及线束插接器有无松动，连接是否良好。

（3）检查活性炭罐电磁阀状态是否为常开，真空管是否损坏、泄漏。

（4）检查节气门是否脏污。若脏污，则清洗节气门，重新对怠速进行基本设定。

5. 点火系统检查

（1）先取下发动机舱盖，再取下点火控制器，检查各缸高压火花是否正常，有无缺缸、断火故障。

（2）拆卸各缸火花塞，并检查其是否有故障。

（3）连接诊断仪，读取各传感器数据流，检查氧传感器、冷却液温度传感器、进气温度传感器、节气门传感器、进气压力传感器、空气流量计、爆震传感器、加速踏板位置传感器等是否工作正常。

6. 燃油供给系统检查

（1）连接诊断仪，读取 106 组数据，检查燃油压力是否正常。拔下 N276 的插头，观察发动机是否熄火。如果熄火，则低压燃油系统压力过低，不能维持发动机正常启动及运转，应检查电动燃油泵、燃油滤清器是否正常；否则查看数据流 01-08-106 组的 1 区数值（高压燃油系统的压力），若压力约为 650 kPa，则低压燃油系统没有故障。

（2）读取燃油压力调节阀 N276、高压燃油压力传感器 G247 数据流，检查传感器是否有故障。

（3）拆卸后排座椅，拔下燃油泵插接器，检查燃油泵电阻是否正常。连接插接器，检测 1 号和 5 号燃油泵工作电压是否正常。

（4）拆卸发动机舱盖、进气歧管总成，拔下喷油阀插接器，检查各缸喷油阀电阻、喷油信号是否正常，喷油阀是否堵塞。

7. 发动机机械系统检查

（1）拆卸各缸火花塞，检查各缸缸压是否正常。
（2）用举升机将车辆安全升起，检查发动机各悬置橡胶垫是否损坏、松动。
（3）拆卸并检查发动机三元催化器、消声器、排气管道是否堵塞。
（4）拆装及检修发动机，检查平衡轴装配是否正常。

二、任务准备

勾选出完成本任务所需要的物品。

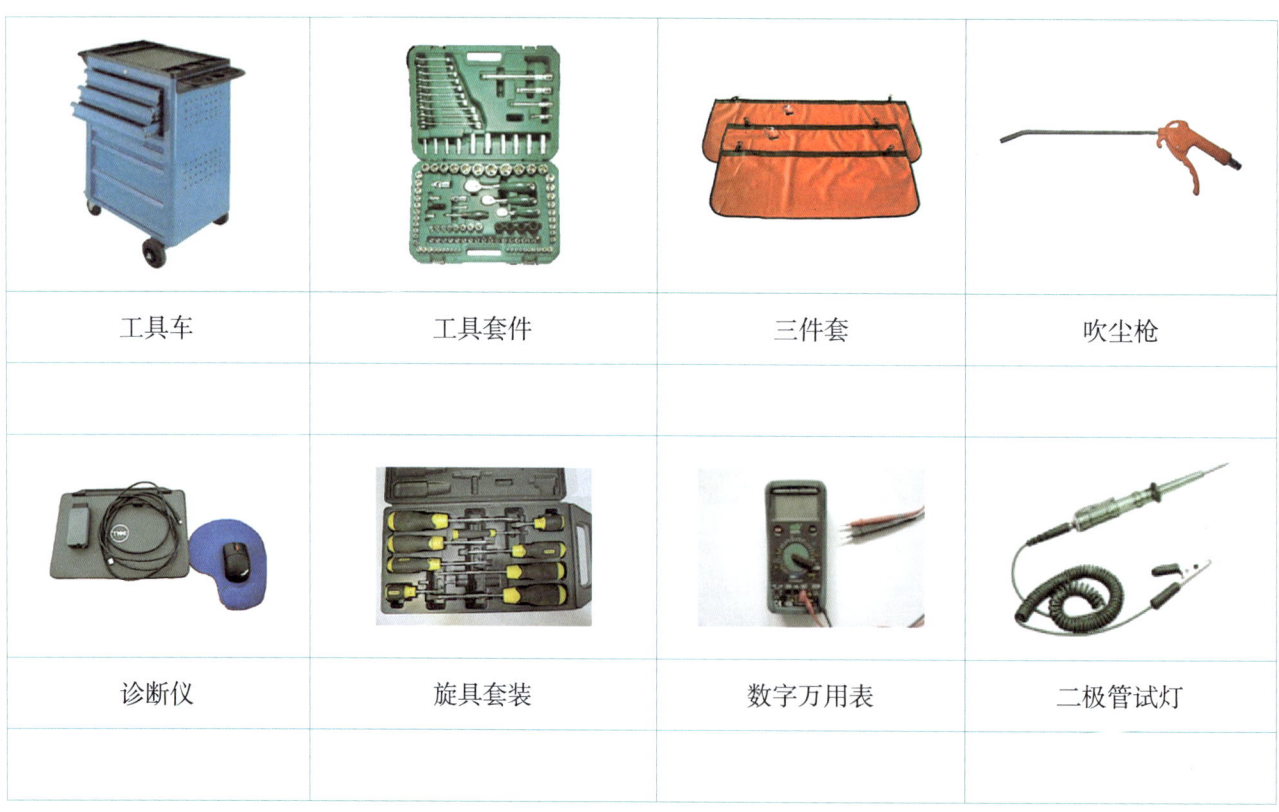

工具车	工具套件	三件套	吹尘枪
诊断仪	旋具套装	数字万用表	二极管试灯

听诊器	抹布	燃油压力表	气缸压力表
示波器	尾气分析仪	故障诊断仪	剥线钳
举升机	实训车辆	维修手册	多楔传动带

三、防护措施

（1）进入车间应穿工鞋，戴工帽；工作服应穿戴整洁，无皮肤裸露；操作时不可佩戴手表等金属首饰，以防划车辆表面。

（2）举升车辆时，应严格按照举升机操作规范进行操作，并通知其他人员远离举升机。

（3）更换油液或配件时，应做好油液和配件的回收清理工作，以免对工作环境造成污染。

观察下列操作图片，选出操作正确的图片。

	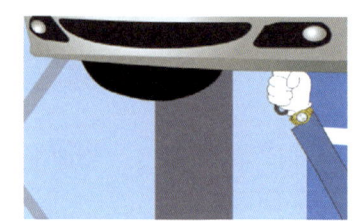	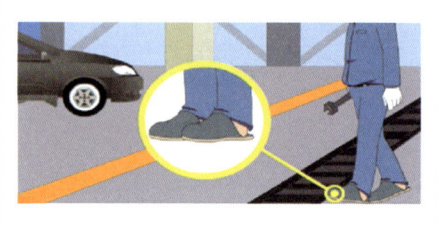

四、任务分配

任务分配见表5-3。

表 5-3　　　　　　　　　　　　　　　　　任务分配

职务	成员	姓名	工作内容
组长	技师A		监督、管理组员工作
组员	技师B		准备实训所需车辆及零配件
	技师C		
	技师D		准备实训所需工具及维修手册
	技师E		

五、任务实施

（一）操作流程

为每个操作流程中的工作内容排序并将序号填写在表5-4中。

表 5-4　　　　　　　　　　发动机怠速抖动故障检查与修理操作步骤

操作流程	步骤	工作内容
故障验证		起动发动机，判断怠速抖动故障类型是车身和底盘抖动还是发动机抖动
		如果怠速抖动故障类型是车身和底盘抖动，则检查车身和底盘系统的故障；否则进行其他故障检查

续表

操作流程	步骤	工作内容
发动机基础检查		将车辆停放在维修工位，拉起驻车制动器并将自动变速器置于空挡，铺设三件套
		准备常用工具、诊断仪、数字万用表、二极管试灯、气缸压力表
		检查发动机机油、冷却液、制动液液面是否正常
		检查蓄电池电压是否正常
发动机故障自诊断		连接诊断仪，打开点火开关，进行发动机故障自诊断
		如果无法进入发动机自诊断系统，则检查发动机控制单元 J623 及其电源、熔丝、搭铁、CAN 数据总线是否有故障
		如果无故障码，则查找相关维修手册（资料），根据发动机各系统工作原理进行故障分析、检测，排除故障
		读取故障码，按照故障码提示进行故障检测，排除故障
		如果所有电控系统自诊断系统都不能进入，则检查诊断插座 U31 电源、搭铁，数据总线诊断接口 J533 电源、搭铁，CAN 数据总线是否有故障
进气系统检查		检查各导线及线束插接器有无松动，连接是否良好
		检查活性炭罐电磁阀状态是否为常开，真空管是否损坏、泄漏
		检查节气门是否脏污。若脏污，则清洗节气门，重新对怠速进行基本设定
		检查空气滤清器是否脏污、堵塞，各进气软管、真空管是否破裂、泄漏，卡子是否松动
点火系统检查		先取下发动机舱盖，再取下点火控制器，检查各缸高压火花是否正常
		检查发动机有无缺缸、断火故障
		拆卸各缸火花塞，并检查其是否有故障
		连接诊断仪，读取各传感器数据流，检查氧传感器、冷却液温度传感器、进气温度传感器、节气门传感器、进气压力传感器、空气流量计、爆震传感器、加速踏板位置传感器等是否工作正常
燃油供给系统检查		连接诊断仪，读取 106 组数据，检查燃油压力是否正常
		拔下 N276 的插头，观察发动机是否熄火。如果熄火，则低压燃油系统压力过低，不能维持发动机正常启动及运转，应检查电动燃油泵、燃油滤清器是否正常；否则查看数据流 01-08-106 组的 1 区数值（高压燃油系统的压力），若压力约为 650 kPa，则低压燃油系统没有故障

操作流程	步骤	工作内容
燃油供给系统检查		读取燃油压力调节阀 N276、高压燃油压力传感器 G247 数据流，检查传感器是否有故障
		拆卸后排座椅，拔下燃油泵插接器，检查燃油泵电阻是否正常。连接插接器，检测 1 号和 5 号燃油泵工作电压是否正常
		拆卸发动机舱盖、进气歧管总成，拔下喷油阀插接器，检查各缸喷油阀电阻、喷油信号是否正常，喷油阀是否堵塞
发动机机械系统检查		拆卸各缸火花塞，检查各缸缸压是否正常
		用举升机将车辆安全升起，检查发动机各悬置橡胶垫是否损坏、松动
		拆卸并检查发动机三元催化器、消声器、排气管道是否堵塞
		拆装及检修发动机，检查平衡轴装配是否正常

（二）实施记录

结合实施过程，对照表 5-5 所列项目进行检查，并记录实际的检查结果。

表 5-5 　　　　　　　　　　　　发动机怠速抖动故障检查与修理实施记录

序号	项目	故障检查	故障记录
1	故障验证	冷车怠速抖动 □　热车怠速抖动 □　一般抖动 □　严重抖动 □	
2	发动机基础检查	安全防护工作 □　机油液面 □　冷却液液面 □ 制动液液面 □　蓄电池电压：＿＿＿V	
3	发动机故障自诊断	连接诊断仪检查 □　不能进入自诊断系统 □ 可以进入自诊断系统 □ 诊断插座 U31 检查 □　相关熔丝检查 □ 网关 J533 检查 □ 发动机 CAN 数据总线波形正常 □　发动机 CAN 数据总线波形错误 □ 发动机控制单元 J623 电源、搭铁、熔丝检查 □ 网关 J533 电源、搭铁、熔丝检查 □ 发动机控制单元 J623 与网关 J533 之间的 CAN 数据总线连接检查 □ 诊断插座 U31 与网关 J533 之间的 CAN 数据总线连接检查 □ 读取故障码：有故障码 □　无故障码 □ 故障码记录：＿＿＿＿＿＿＿＿＿＿＿＿＿＿＿＿＿＿＿＿＿＿＿＿ ＿＿＿＿＿＿＿＿＿＿＿＿＿＿＿＿＿＿＿＿＿＿＿＿＿＿＿＿＿＿	

续表

序号	项目	故障检查	故障记录
4	进气系统检查	进气系统检查：空气滤清器脏污、堵塞 □ 进气软管破裂、漏气 □ 各真空管脱落、破裂、泄漏 □ 节气门脏污、卡滞 □活性炭罐电磁阀常开 □ 涡轮增压进气管破裂、泄漏 □节气门设定正常 □ 节气门无法设定 □ 各传感器检测：有故障码 □ 无故障码 □ 读取数据流（测量值）□ 连接导线故障□ 电源、搭铁故障 □ 传感器正常 □ 传感器故障 □ 故障码记录：_____	
5	点火系统检查	高压火花检查：无高压火花 □ 高压火花弱 □ 高压火花正常 □ 不缺缸 □ 缺缸 □ 火花塞检查：火花塞正常 □ 火花塞损坏 □ 点火信号检查：有点火信号 □ 无点火信号 □ 点火信号错误 □ 传感器数据流检查：传感器正常 □ 传感器故障 □ 故障传感器：_____	
6	燃油供给系统检查	高压燃油压力检查：油压正常 □ 油压过低 □ 无油压 □ 油压测量值：____kPa 燃油压力调节阀N276检查：电磁阀正常 □ 电磁阀损坏 □ 电源、搭铁故障 □ 高压燃油压力传感器G247检查：传感器正常 □ 传感器故障 □ 电源、搭铁故障 □ 电动燃油泵检查：燃油泵正常 □ 燃油泵损坏 □燃油泵性能不良□ 喷油器（阀）检查：喷油器电阻正常 □ 喷油器损坏 □ 喷油信号正常 □ 喷油信号故障 □ 喷油器电阻测量值：____Ω	
7	发动机机械系统检查	发动机缸压检测：缸压正常 □ 缸压过低 □ 个别缸压低 □ 缸压检测值：1缸_____ 2缸_____ 3缸_____ 4缸_____ 发动机各悬置橡胶垫检查：松动 □ 不松动 □ 配气正时检查：正时传动带磨损 □ 正时传动带断裂 □ 正时链条断裂 □ 排气装置检查：三元催化器堵塞 □ 排气管、消声器堵塞 □ 发动机拆装及检查：配气机构故障 □ 平衡轴装配故障 □	

序号	项目	故障检查	故障记录

根据任务操作流程和故障排除过程，总结发动机怠速抖动故障排除思路，并写在下面。

_____

_____

_____

_____

_____

_____

六、检查

（一）自检

结合本组任务操作流程，对任务执行过程中的操作规范性进行检查，检查是否存在以下问题，分析、讨论应如何避免并总结规范的操作方法（表5-6）。

表5-6   自检

检查项目	检查结果
车辆停放位置是否合适，是否将变速器置于空挡并拉紧驻车制动器	
是否使用三件套对车辆进行防护	
发动机基础检查是否正常	
发动机CAN数据总线波形是否正常	
发动机故障自诊断系统是否能进入	
是否正确分析传感器数据流	
发动机怠速抖动故障是否排除	
工作场地是否清洁，车辆是否复位	

（二）互检

小组成员之间进行任务操作过程及结果检查（表5-7）。

表 5-7 互检

检查项目	检查结果
车辆停放位置是否合适，是否将变速器置于空挡并拉紧驻车制动器	
是否使用三件套对车辆进行防护	
发动机基础检查是否正常	
发动机CAN数据总线波形是否正常	
发动机故障自诊断系统是否能进入	
是否正确分析传感器数据流	
发动机怠速抖动故障是否排除	
工作场地是否清洁，车辆是否复位	

七、课堂小结

_____

_____

_____

_____

实操视频

任务六 发动机怠速抖动故障检查与修理（二）

发动机怠速抖动故障检查与修理（二）任务工单——进气系统与点火系统检查			
客户信息	姓名	电话	
车辆信息	车型	VIN	行驶里程

故障检修

发动机故障验证 ☐	发动机基础检查 ☐	发动机故障自诊断 ☐	读取与清除故障码 ☐
读取数据流（测量值）☐	基本设定 ☐	CAN数据总线检修 ☐	电控系统故障检修 ☐
点火系统故障检修 ☐	燃油系统故障检修 ☐	进气系统故障检修 ☐	机械系统故障检修 ☐

客户描述：
_____
_____
_____

车辆外观检查	车辆内部检查
凹凸 ☐	污渍 ☐
划痕 ☐	破损 ☐
石击 ☐	色斑 ☐
油漆 ☐	变形 ☐

明确具体工作任务
_____
_____
_____

- 能够对发动机怠速抖动故障现象进行故障验证
- 能够根据发动机怠速抖动故障树进行故障检测、维修与排除
- 能够正确使用检测设备和检测仪器进行故障检测
- 能够完成故障部件的检查、更换和维修
- 能够正确填写维修工单，进行质量检查

 • 发动机怠速抖动故障诊断树

 • 发动机怠速抖动故障诊断树

 • 发动机怠速抖动故障诊断树

一、知识讲解

发动机怠速抖动故障诊断树

发动机怠速抖动故障诊断树如图 6-1 所示。

二、任务准备

勾选出完成本任务所需要的物品。

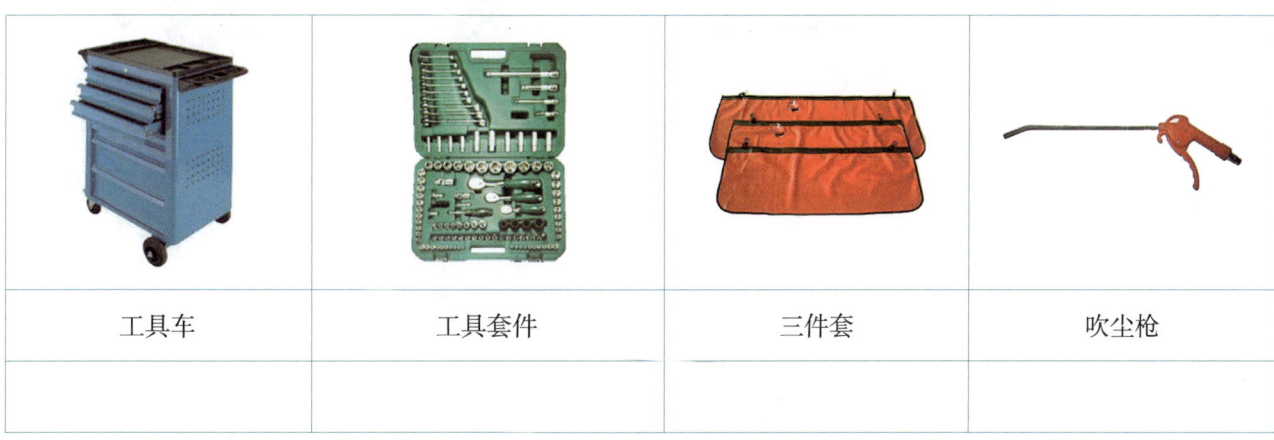

工具车	工具套件	三件套	吹尘枪

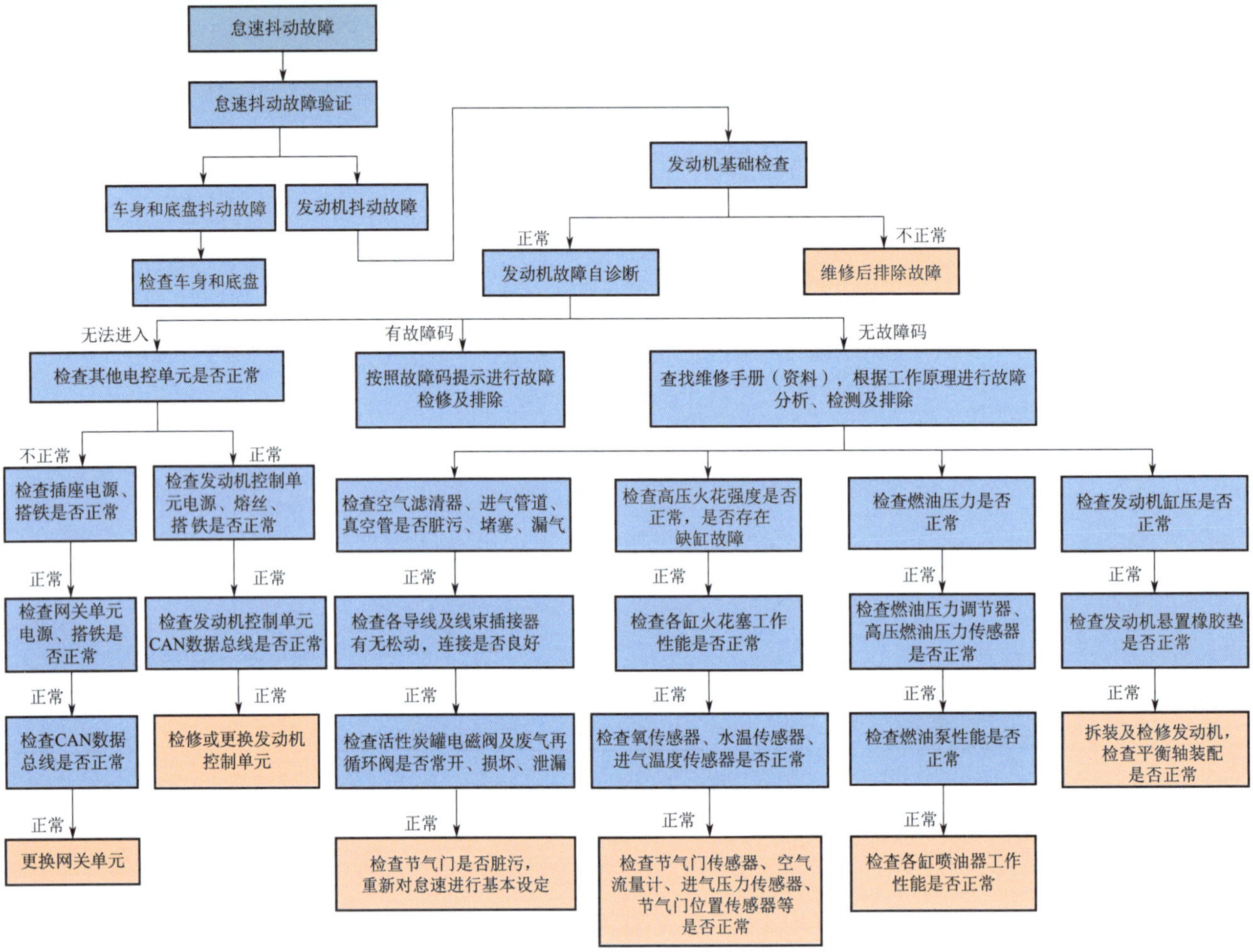

怠速抖动故障

↓

怠速抖动故障验证

↓ → 发动机基础检查

怠速抖动故障验证
├─ 车身和底盘抖动故障
└─ 发动机抖动故障

车身和底盘抖动故障 → 检查车身和底盘

发动机基础检查
├─ 正常 → 发动机故障自诊断
└─ 不正常 → 维修后排除故障

发动机故障自诊断
├─ 无法进入 → 检查其他电控单元是否正常
├─ 有故障码 → 按照故障码提示进行故障检修及排除
└─ 无故障码 → 查找维修手册（资料），根据工作原理进行故障分析、检测及排除

检查其他电控单元是否正常
├─ 不正常 → 检查插座电源、搭铁是否正常
└─ 正常 → 检查发动机控制单元电源、熔丝、搭铁是否正常

检查插座电源、搭铁是否正常 → 正常 → 检查网关单元电源、搭铁是否正常 → 正常 → 检查CAN数据总线是否正常 → 正常 → 更换网关单元

检查发动机控制单元电源、熔丝、搭铁是否正常 → 正常 → 检查发动机控制单元CAN数据总线是否正常 → 正常 → 检修或更换发动机控制单元

查找维修手册（资料），根据工作原理进行故障分析、检测及排除
├─ 检查空气滤清器、进气管道、真空管是否脏污、堵塞、漏气
├─ 检查高压火花强度是否正常，是否存在缺缸故障
├─ 检查燃油压力是否正常
└─ 检查发动机缸压是否正常

检查空气滤清器、进气管道、真空管是否脏污、堵塞、漏气 → 正常 → 检查各导线及线束插接器有无松动，连接是否良好 → 正常 → 检查活性炭罐电磁阀及废气再循环阀是否常开、损坏、泄漏 → 正常 → 检查节气门是否脏污，重新对怠速进行基本设定

检查高压火花强度是否正常，是否存在缺缸故障 → 正常 → 检查各缸火花塞工作性能是否正常 → 正常 → 检查氧传感器、水温传感器、进气温度传感器是否正常 → 正常 → 检查节气门传感器、空气流量计、进气压力传感器、节气门位置传感器等是否正常

检查燃油压力是否正常 → 正常 → 检查燃油压力调节器、高压燃油压力传感器是否正常 → 正常 → 检查燃油泵性能是否正常 → 正常 → 检查各缸喷油器工作性能是否正常

检查发动机缸压是否正常 → 正常 → 检查发动机悬置橡胶垫是否正常 → 正常 → 拆装及检修发动机，检查平衡轴装配是否正常

图6-1　发动机怠速抖动故障诊断树

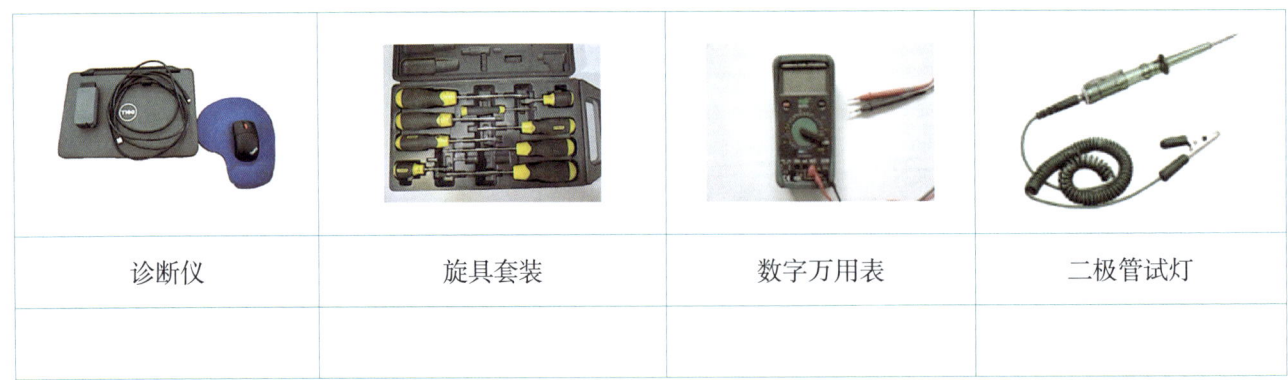

诊断仪	旋具套装	数字万用表	二极管试灯

听诊器	抹布	燃油压力表	气缸压力表
示波器	尾气分析仪	故障诊断仪	剥线钳
举升机	实训车辆	维修手册	多楔传动带

三、防护措施

（1）进入车间应穿工鞋，戴工帽；工作服应穿戴整洁，无皮肤裸露；操作时不可佩戴手表等金属首饰，以防划车辆表面。

（2）举升车辆时，应严格按照举升机操作规范进行操作，并通知其他人员远离举升机。

（3）更换油液或配件时，应做好油液和配件的回收清理工作，以免对工作环境造成污染。

观察下列操作图片，选出操作正确的图片。

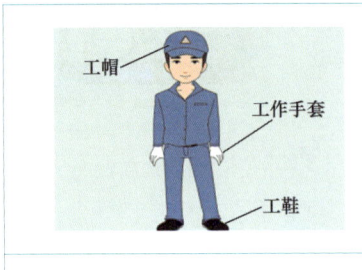	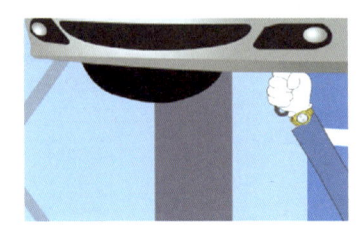	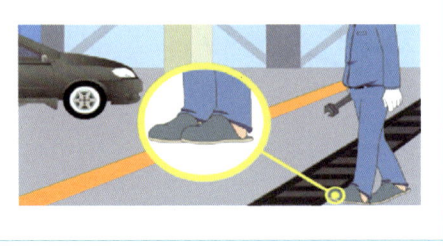

四、任务分配

任务分配见表6-1。

表 6-1 　　　　　　　　　　　　　　　　任务分配

职务	成员	姓名	工作内容
组长	技师 A		监督、管理组员工作
组员	技师 B		准备实训所需车辆及零配件
	技师 C		
	技师 D		准备实训所需工具及维修手册
	技师 E		

五、任务实施

（一）操作流程

为每个操作流程中的工作内容排序并将序号填写在表6-2中。

表 6-2 　　　　　　　　　　发动机怠速抖动故障检查与修理操作步骤

操作流程	步骤	工作内容
故障验证		起动发动机，判断怠速抖动故障类型是车身和底盘抖动还是发动机抖动
		如果怠速抖动故障类型是车身和底盘抖动，则检查车身和底盘系统的故障；否则进行其他故障检查

续表

操作流程	步骤	工作内容
发动机基础检查		将车辆停放在维修工位，拉起驻车制动器并将自动变速器置于空挡，铺设三件套
		准备常用工具、诊断仪、数字万用表、二极管试灯、气缸压力表
		检查发动机机油、冷却液、制动液液面是否正常
		检查蓄电池电压是否正常
发动机故障自诊断		连接诊断仪，打开点火开关，进行发动机故障自诊断
		如果无法进入发动机自诊断系统，则检查发动机控制单元 J623 及其电源、熔丝、搭铁、CAN 数据总线是否有故障
		如果无故障码，则查找相关维修手册（资料），根据发动机各系统工作原理进行故障分析、检测，排除故障
		读取故障码，按照故障码提示进行故障检测，排除故障
		如果所有电控系统自诊断系统都不能进入，则检查诊断插座 U31 电源、搭铁，数据总线诊断接口 J533 电源、搭铁，CAN 数据总线是否有故障
进气系统检查		检查各导线及线束插接器有无松动，连接是否良好
		检查活性炭罐电磁阀状态是否为常开，真空管是否损坏、泄漏
		检查节气门是否脏污。若脏污，则清洗节气门，重新对怠速进行基本设定
		检查空气滤清器是否脏污、堵塞，各进气软管、真空管是否破裂、泄漏，卡子是否松动
点火系统检查		先取下发动机舱盖，再取下点火控制器，检查各缸高压火花是否正常
		检查发动机有无缺缸、断火故障
		拆卸各缸火花塞，并检查其是否有故障
		连接诊断仪，读取各传感器数据流，检查氧传感器、冷却液温度传感器、进气温度传感器、节气门传感器、进气压力传感器、空气流量计、爆震传感器、加速踏板位置传感器等是否工作正常
燃油供给系统检查		连接诊断仪，读取 106 组数据，检查燃油压力是否正常
		拔下 N276 的插头，观察发动机是否熄火。如果熄火，则低压燃油系统压力过低，不能维持发动机正常启动及运转，应检查电动燃油泵、燃油滤清器是否正常；否则查看数据流 01-08-106 组的 1 区数值（高压燃油系统的压力），若压力约为 650 kPa，则低压燃油系统没有故障
		读取燃油压力调节阀 N276、高压燃油压力传感器 G247 数据流，检查传感器是否有故障

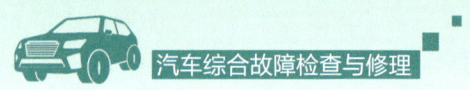

续表

操作流程	步骤	工作内容
燃油供给系统检查		拆卸后排座椅，拔下燃油泵插接器，检查燃油泵电阻是否正常。连接插接器，检测1号和5号燃油泵工作电压是否正常
		拆卸发动机舱盖、进气歧管总成，拔下喷油阀插接器，检查各缸喷油阀电阻、喷油信号是否正常，喷油阀是否堵塞
发动机机械系统检查		拆卸各缸火花塞，检查各缸缸压是否正常
		用举升机将车辆安全升起，检查发动机各悬置橡胶垫是否损坏、松动
		拆卸并检查发动机三元催化器、消声器、排气管道是否堵塞
		拆装及检修发动机，检查平衡轴装配是否正常

（二）实施记录

结合实施过程，对照表6-3所列项目进行检查，并记录实际的检查结果。

表6-3　　　　　　　　　　发动机怠速抖动故障检查与修理实施记录

序号	项目	故障检查	故障记录
1	故障验证	冷车怠速抖动 □　热车怠速抖动 □　一般抖动 □　严重抖动 □	
2	发动机基础检查	安全防护工作 □　机油液面 □　冷却液液面 □ 制动液液面 □　蓄电池电压：＿＿＿V	
3	发动机故障自诊断	连接诊断仪检查 □　不能进入自诊断系统 □　可以进入自诊断系统 □ 诊断插座U31检查 □　相关熔丝检查　　　□　网关J533检查 □ 发动机CAN数据总线波形正常 □　发动机CAN数据总线波形错误 □ 发动机控制单元J623电源、搭铁、熔丝检查 □ 网关J533电源、搭铁、熔丝检查　　　　　□ 发动机控制单元J623与网关J533之间的CAN数据总线连接检查 □ 诊断插座U31与网关J533之间的CAN数据总线连接检查 □ 读取故障码：有故障码 □　无故障码 □ 故障码记录：＿＿＿＿＿＿＿＿＿＿＿＿＿＿＿＿＿＿＿＿＿＿	
4	进气系统检查	进气系统检查：空气滤清器脏污、堵塞 □进气软管破裂、漏气 □ 　　　　　　各真空管脱落、破裂、泄漏 □ 　　　　　　节气门脏污、卡滞 □活性炭罐电磁阀常开 □ 　　　　　　涡轮增压进气管破裂、泄漏 □节气门设定正常 □ 　　　　　　节气门无法设定 □ 各传感器检测：有故障码 □　无故障码 □　读取数据流（测量值）□ 　　　　　　连接导线故障□　电源、搭铁故障 □　传感器正常 □ 　　　　　　传感器故障 □ 故障码记录：＿＿＿＿＿＿＿＿＿＿＿＿＿＿＿＿＿＿＿＿＿＿	

续表

序号	项目	故障检查	故障记录
5	点火系统检查	高压火花检查：无高压火花 □　高压火花弱 □　高压火花正常 □ 不缺缸· □　缺缸 □ 火花塞检查：火花塞正常 □　火花塞损坏 □ 点火信号检查：有点火信号 □　无点火信号 □　点火信号错误 □ 传感器数据流检查：传感器正常 □　传感器故障 □ 故障传感器：_____	
6	燃油供给系统检查	高压燃油压力检查：油压正常 □　油压过低 □　无油压 □ 油压测量值：____kPa 燃油压力调节阀N276检查：电磁阀正常 □　电磁阀损坏 □ 电源、搭铁故障 □ 高压燃油压力传感器G247检查：传感器正常 □　传感器故障 □ 电源、搭铁故障 □ 电动燃油泵检查：燃油泵正常 □　燃油泵损坏 □燃油泵性能不良□ 喷油器（阀）检查：喷油器电阻正常 □　喷油器损坏 □ 喷油信号正常 □　喷油信号故障 □ 喷油器电阻测量值：____Ω	
7	发动机机械系统检查	发动机缸压检测：缸压正常 □　缸压过低 □　个别缸压低 □ 缸压检测值：1缸_____2缸_____3缸_____4缸_____ 发动机各悬置橡胶垫检查：松动 □　不松动 □ 配气正时检查：正时传动带磨损 □　正时传动带断裂 □ 正时链条断裂 □ 排气装置检查：三元催化器堵塞 □　排气管、消声器堵塞 □ 发动机拆装及检查：配气机构故障 □　平衡轴装配故障 □	

根据任务操作流程和故障排除过程，总结发动机怠速抖动故障排除思路，并写在下面。

_____

_____

_____

_____

_____

六、检查

（一）自检

结合本组任务操作流程，对任务执行过程中的操作规范性进行检查，检查是否存在以下问题，分析、讨论应如何避免并总结规范的操作方法（表6-4）。

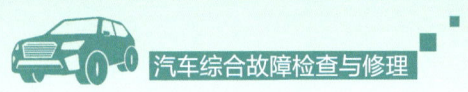

表 6-4   自检

检查项目	检查结果
车辆停放位置是否合适，是否将变速器置于空挡并拉紧驻车制动器	
是否使用三件套对车辆进行防护	
发动机基础检查是否正常	
发动机CAN数据总线波形是否正常	
发动机故障自诊断系统是否能进入	
是否正确分析传感器数据流	
发动机怠速抖动故障是否排除	
工作场地是否清洁，车辆是否复位	

（二）互检

小组成员之间进行任务操作过程及结果检查（表6-5）。

表 6-5   互检

检查项目	检查结果
车辆停放位置是否合适，是否将变速器置于空挡并拉紧驻车制动器	
是否使用三件套对车辆进行防护	
发动机基础检查是否正常	
发动机CAN数据总线波形是否正常	
发动机故障自诊断系统是否能进入	
是否正确分析传感器数据流	
发动机怠速抖动故障是否排除	
工作场地是否清洁，车辆是否复位	

七、课堂小结

实操视频

前照灯电路故障检查与修理（一）任务工单——故障验证及基础检查			
客户信息	姓名		电话

车辆信息	车型	VIN	行驶里程

故障检修

车辆近光灯不亮 ☐	发动机基础检查 ☐	发动机故障自诊断 ☐	车辆远光灯不亮 ☐
车辆转向灯不亮 ☐	仪表故障灯亮起 ☐	CAN数据总线检修 ☐	近光灯照明距离故障 ☐
车辆制动灯不亮 ☐	倒车雷达故障 ☐	转向辅助灯故障 ☐	日间行车灯故障 ☐

客户描述：
_____
_____
_____

车辆外观检查	车辆内部检查
凹凸 ☐	污渍 ☐
划痕 ☐	破损 ☐
石击 ☐	色斑 ☐
油漆 ☐	变形 ☐

明确具体工作任务
_____
_____
_____

- 掌握汽车前照灯电路故障检查与修理的思路
- 能够正确使用检测设备和仪器进行故障检测
- 能够正确填写维修工单，进行质量检查

- 前照灯的控制原理
- 车载电网系统特征
- 车载电网近光灯系统
- 车载电网前照灯系统故障检查

- 前照灯的控制原理
- 车载电网前照灯系统故障检查

任务难点
- 车载电网前照灯系统故障检查

一、知识讲解

（一）前照灯的控制原理

前照灯控制电路如图 7-1 所示。按照电流走向，电流从蓄电池流出，经点火开关、灯光旋转开关、变光开关、前照灯继电器、熔丝，到达灯泡，最后从灯泡另一端直接流入搭铁。

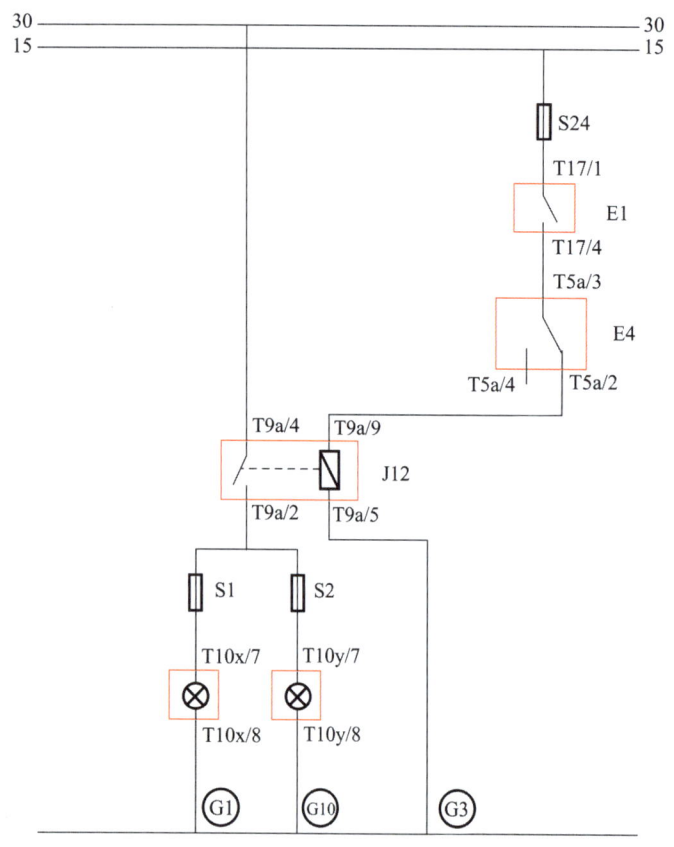
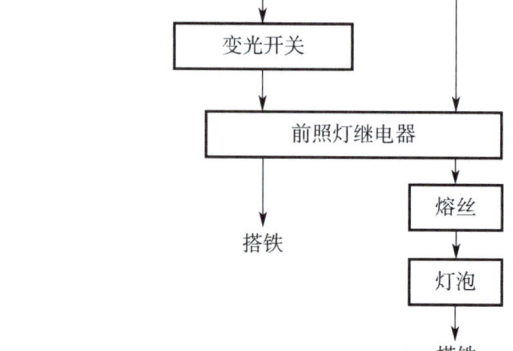

图 7-1　前照灯控制电路

（二）车载电网系统特征

相对于传统车辆电路系统的线路和开关控制，车载电网控制单元（中央电气电子设备）直接接收各种开关信号和传感器信号，然后对车辆上的灯光、刮水器等用电器进行直接或间接控制。

车载电网系统能对全车用电器和电源系统进行集中控制管理，优化车辆的用电消耗，并实现全车用电器的智能化和自动化。另外，当车辆电源系统或用电器损坏时，车载电网系统还会进行自诊断，并储存相关故障码。车载电网灯光控制原理如图7-2所示。

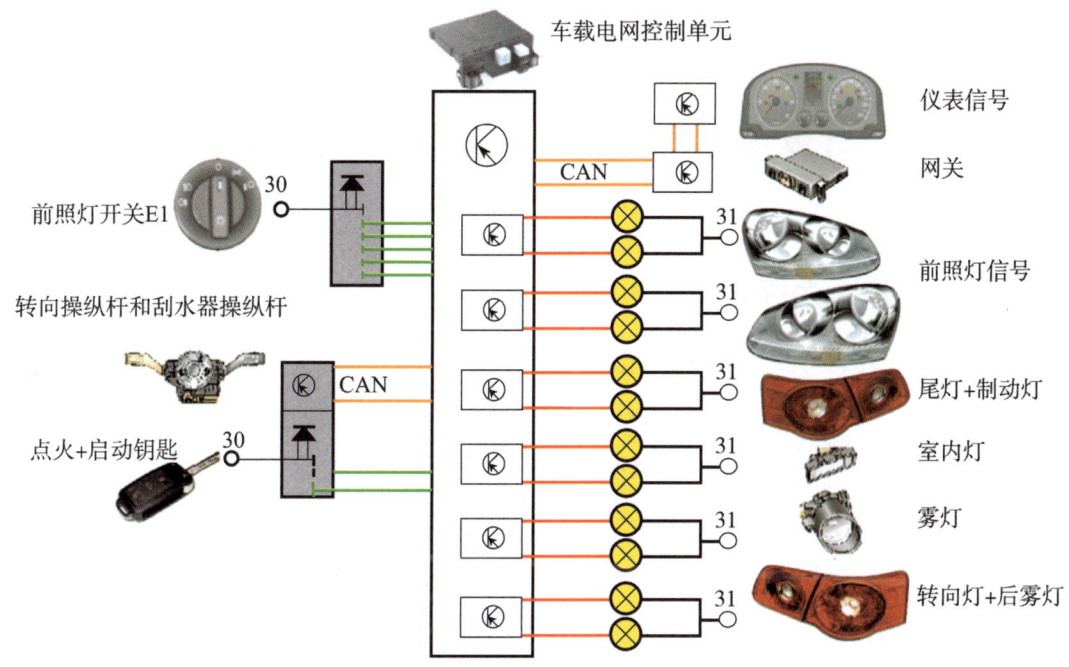

图 7-2 车载电网灯光控制原理

（三）车载电网近光灯系统

车载电网近光灯系统主要由车载电网控制单元J519、进入及启动许可开关E415、前照灯开关E1、前照灯电源模块、前照灯灯泡等主要部件组成，如图7-3所示。

当将前照灯开关调至近光灯位置时，灯光开关使车载电网控制单元J519与12 V电源接通，此时若车载电网控制单元J519收到进入及启动许可开关E415的"点火开关打开"信号，就分别向车辆的两个前照灯电源模块供电。

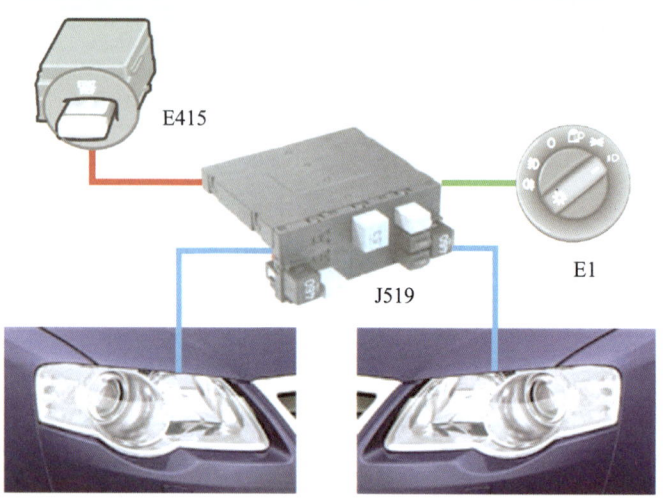

图 7-3　车载电网近光灯系统组成

（四）车载电网前照灯系统故障检查

当车载电网系统中某个元件出现故障而无法工作时，可先对车载电网系统进行故障码查询，根据故障码的提示，检查相关故障线路或故障部位。另外，为了保证车载电网系统中所有的电气元件工作正常，应首先保证车载电网系统控制单元的相关供电及搭铁正常。

1. 灯光故障维修案例

故障现象：

仪表板上灯光故障指示灯亮起（针对大众迈腾配置氙气前照灯车型，其车载电网前照灯系统电路如图 7-4 所示）。

检查步骤：

（1）打开点火开关，确认仪表板上灯光故障指示灯是否亮起，检查车辆各项灯光是否异常。

（2）连接诊断仪，进入"中央电气电子设备"系统，读取故障码，根据检查出的灯光异常现象及读取的故障码确定诊断思路。

（3）如果故障码是转向灯、示廓灯、近光灯类型，则检查灯光开关各挡位是否正常；检查灯光开关插头和线束插头端子是否正常；检查线束供电和搭铁是否正常。

（4）检查灯光开关与车载电网控制单元 J519 之间线束是否正常；检查灯光开关各挡位信号是否顺利到达 J519 线束插头端；检查 J519 控制单元插头端子是否正常。

（5）连接诊断仪，进入"中央电气电子设备"系统，读取灯光开关相关状态数据块，查看开关信号是否正确。

（6）使用执行元件动作测试功能对发生故障的灯泡进行动作测试，观察能否成功将其点亮。如果不能点亮，则检查前照灯 14 芯线束插头处 J519 的动作测试信号是否顺利到达。如果信号已到达，但是灯泡没有亮起，则检查灯泡与前照灯之间线路；否则，检查 J519 与前照灯之间的 14 芯线束。

（7）如果在线束正常且满足基本条件的情况下，诊断仪执行动作测试后 J519 没有发出相应电压信号，则更换J519。

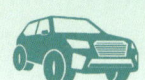

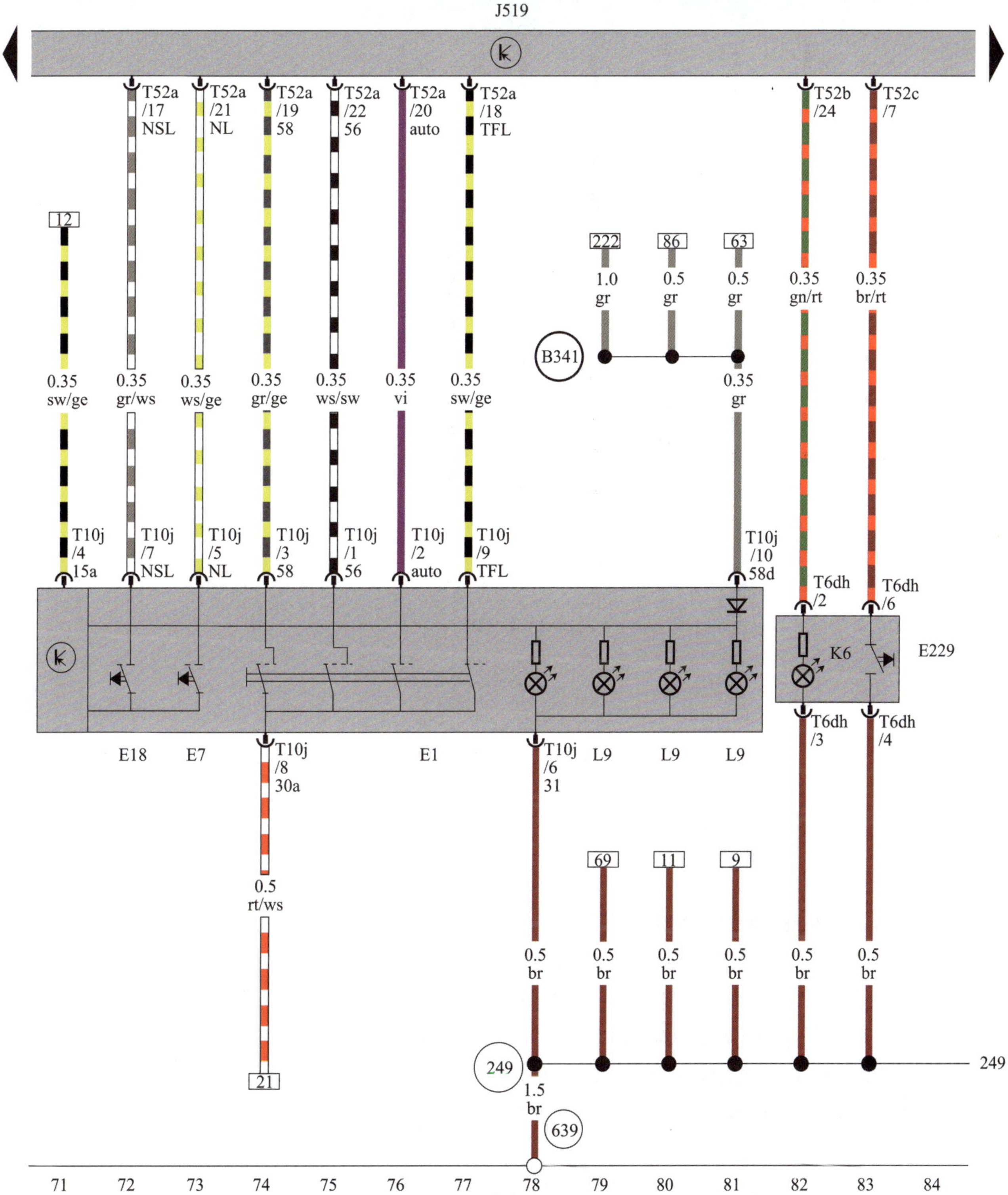

（a）

图 7–4 大众迈腾车载电网前照灯系统电路

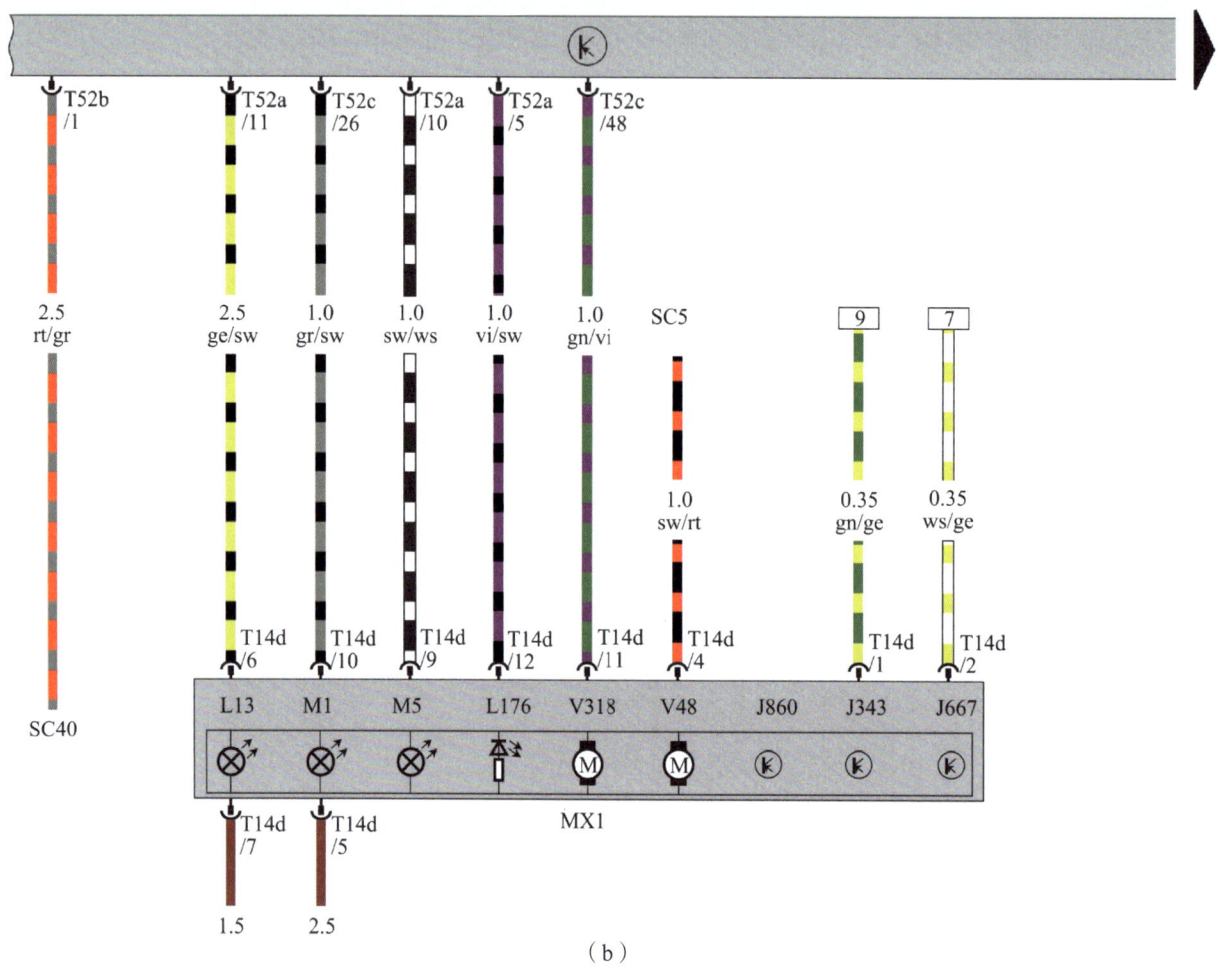

（b）

续图 7-4　大众迈腾车载电网前照灯系统电路

2. 气体放电灯泡的维修注意事项

（1）在安装气体放电灯泡时不要接触灯泡玻璃壳体，否则手指会在其表面留下油脂痕迹，当灯泡工作时，油脂会蒸发并使其变得模糊不清。

（2）严禁使气体放电灯泡玻璃壳体承受机械载荷，因其特别敏感，且处在高电压下。

（3）不要直接看向气体放电灯泡发出的平行光束，因其紫外线辐射量约比普通卤素灯泡高2.5倍。

（4）在安装盖罩时，应确保密封件的安装位置正确。有水渗入前照灯，会导致其损坏。

（5）如果将带照明距离动态调节功能的前照灯拆下，则在将其安回原位后必须进行基本设置。

（6）在安装新的气体放电灯泡时，切勿弯折其定位卡箍。

二、任务准备

勾选出完成本任务所需要的物品。

工具车	工具套件	三件套	吹尘枪
诊断仪	旋具套装	数字万用表	二极管试灯
听诊器	抹布	燃油压力表	气缸压力表
示波器	尾气分析仪	举升机	实训车辆

维修手册	多楔传动带

三、防护措施

（1）进入车间应穿工鞋，戴工帽；工作服应整洁，无破损；操作时不可戴手表等金属饰品，以防划伤车辆表面。

（2）举升车辆时应严格按照举升机操作规范进行操作，并通知其他人员远离举升机。

（3）更换油液或配件时，应做好油液和配件的回收清理工作，以免对工作环境造成污染。

观察下列操作图片，选出操作正确的图片。

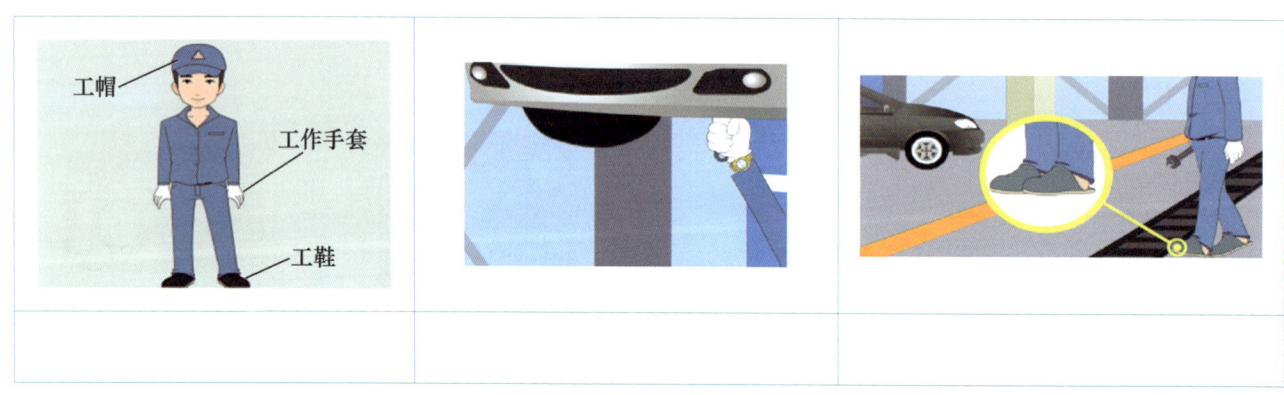

四、任务分配

任务分配见表7-1。

表7-1　　　　　　　　　　　　　　　　　任务分配

职务	成员	姓名	工作内容
组长	技师A		监督、管理组员工作

续表

职务	成员	姓名	工作内容
组员	技师B		准备实训所需车辆及零配件
	技师C		
	技师D		准备实训所需工具及维修手册
	技师E		

五、任务实施

（一）操作流程

为每个操作流程中的工作内容排序并将序号填写在表7-2中。

表 7-2 前照灯电路故障检查与修理操作步骤

操作流程	步骤	工作内容
故障验证及基础检查		将车辆停放在维修工位，拉起驻车制动器并将自动变速器置于空挡
		铺设三件套
		准备常用工具、诊断仪、数字万用表、二极管试灯
		打开点火开关，查看仪表板上灯光故障指示灯情况
		逐项检查近光灯、远光灯、雾灯、转向灯，查看有无异常现象
车载电网前照灯系统故障检查		连接诊断仪，打开点火开关，使用诊断仪进入"中央电气电子设备"系统，读取故障码
		连接诊断仪，进入"中央电气电子设备"系统，读取灯光开关相关状态数据块，查看开关信号是否正常
		使用执行元件动作测试功能对发生故障的灯泡进行动作测试，观察能否成功将其点亮。如果不能点亮，则检查前照灯14芯线束插头处J519的动作测试信号是否顺利到达。如果信号已到达，但是灯泡没有亮起，则检查灯泡与前照灯之间线路；否则检查J519与前照灯之间的14芯线束
		如果故障码是转向灯、示廓灯、近光灯类型，则检查灯光开关各挡位是否正常；检查灯光开关插头和线束插头端子是否正常；检查线束供电和搭铁是否正常
		检查灯光开关与车载电网控制单元J519之间线束是否正常；检查灯光开关各挡位信号是否顺利到达J519线束插头端；检查J519控制单元插头端子是否正常

续表

操作流程	步骤	工作内容
车载电网 前照灯系统 故障检查		如果在线束正常且满足基本条件的情况下，诊断仪执行动作测试后J519没有发出相应电压信号，则更换J519
前照灯随动 转向系统 检查		连接诊断仪，进入"前照灯照明距离调节装置"系统，读取故障码，根据检查出的灯光异常现象和读取的故障码确定诊断思路
		如果故障码是有关前照灯照明距离和前照灯随动的故障码，则首先打开近光灯，然后使用诊断仪进行"作动器诊断"，通过前照灯照明距离调节控制单元J745分别驱动照明距离调节伺服电动机和前照灯随动伺服电动机，检查伺服电动机运转是否正常。如果运转正常，则J745与前照灯总成之间的线束及相应伺服电动机均正常；否则检查J745与前照灯总成之间的线束、前照灯插头和线束插头端子是否正常，检查线束供电和搭铁是否正常，检查照明距离调节伺服电动机和前照灯随动伺服电动机是否正常
		如果故障码是"前照灯无基本设置"，则使用诊断仪进入"基本设置"，对前照灯随动转向系统进行基本设置，然后再次读取故障码，确认故障码是否清除。正常情况下，完成基本设置后该故障码不会再次出现
		测量J745与前照灯总成之间CAN数据总线的波形
		如果故障码是"车身高度传感器"类型，则检查左后车辆高度传感器G76及其插头端子是否正常
		在拆装、更换前照灯照明距离调节控制单元J745之前，必须读取并记录控制单元内的编码，更换新控制单元后再输入原控制单元编码进行匹配，并进行前照灯基本设置

（二）实施记录

结合实施过程，对照表7-3所列项目进行检查，并记录实际的检查结果。

表 7-3 　　　　　　　　　　　　前照灯电路故障检查与修理实施记录

序号	项目	故障检查	故障记录
1	故障验证 及基础检查	安全防护工作□　近光灯□　远光灯□　雾灯□　转向灯□ 故障现象验证：＿＿＿＿＿＿＿＿＿＿＿＿＿＿＿＿＿＿＿＿＿＿＿＿	
2	车载电网 前照灯系统 故障检查	连接诊断仪检查　□　　不能进入自诊断系统□　　可以进入自诊断系统□ 诊断插座U31检查□　相关熔丝检查　　□　　网关J533检查　　□ 前照灯开关检查　□　动作测试情况检查　□ 前照系统总成电源、搭铁、熔丝检查　　　　　　　　　□ 车载电网控制单元J519电源、搭铁、熔丝检查　　　　　□ 车载电网控制单元J519与前照灯总成的线束连接检查　□ 故障记录：＿＿＿＿＿＿＿＿＿＿＿＿＿＿＿＿＿＿＿＿＿＿＿＿＿＿ ＿＿＿＿＿＿＿＿＿＿＿＿＿＿＿＿＿＿＿＿＿＿＿＿＿＿＿＿＿＿＿	

续表

序号	项目	故障检查	故障记录
3	前照灯随动转向系统检查	连接诊断仪检查 □　不能进入自诊断系统□　可以进入自诊断系统□ 诊断插座U31检查□　相关熔丝检查　　□　　　网关J533检查□ "前照灯无基本设置"故障码检查　　　□　作动器诊断情况检查□ J745电源、搭铁、熔丝检查　　　　　□ J745与前照灯总成的线束连接检查　　□ J745驱动照明距离调节伺服电动机和前照灯随动伺服电动机情况检查□ 故障记录：＿＿＿＿＿＿＿＿＿＿＿＿＿＿＿＿＿＿＿＿＿＿＿＿ ＿＿＿＿＿＿＿＿＿＿＿＿＿＿＿＿＿＿＿＿＿＿＿＿＿＿＿＿	
4	其他		

根据任务实施操作流程和故障排除过程，总结前照灯电路故障排除思路，并写在下面。

＿＿＿＿＿＿＿＿＿＿＿＿＿＿＿＿＿＿＿＿＿＿＿＿＿＿＿＿＿＿＿＿＿＿＿＿＿＿

＿＿＿＿＿＿＿＿＿＿＿＿＿＿＿＿＿＿＿＿＿＿＿＿＿＿＿＿＿＿＿＿＿＿＿＿＿＿

＿＿＿＿＿＿＿＿＿＿＿＿＿＿＿＿＿＿＿＿＿＿＿＿＿＿＿＿＿＿＿＿＿＿＿＿＿＿

＿＿＿＿＿＿＿＿＿＿＿＿＿＿＿＿＿＿＿＿＿＿＿＿＿＿＿＿＿＿＿＿＿＿＿＿＿＿

六、检查

（一）自检

结合本组任务操作流程，对任务执行过程中的操作规范性进行检查，检查是否存在以下问题，分析、讨论应如何避免并总结规范的操作方法（表7-4）。

表 7-4　　　　　　　　　　　　　　　　自检

检查项目	检查结果	
车辆停放位置是否合适，是否将变速器置于空挡并拉紧驻车制动器	是　□	否　□
是否使用三件套对车辆进行防护	是　□	否　□
前照灯电路故障是否确认	是　□	否　□
"中央电气电子设备"系统是否读取故障码	是　□	否　□
"中央电气电子设备"系统故障是否排除	是　□	否　□
前照灯随动转向系统故障码是否清除	是　□	否　□

续表

检查项目	检查结果	
前照灯随动转向系统故障是否排除	是 □	否 □
工作场地是否清洁，车辆是否复位	是 □	否 □

（二）互检

小组成员之间相互进行任务操作过程及结果检查，并把检查结果填写在表7-5中。

表 7-5 互检

检查项目	检查结果	
车辆停放位置是否合适，是否将变速器置于空挡并拉紧驻车制动器	是 □	否 □
是否使用三件套对车辆进行防护	是 □	否 □
前照灯电路故障是否确认	是 □	否 □
"中央电气电子设备"系统是否读取故障码	是 □	否 □
"中央电气电子设备"系统故障是否排除	是 □	否 □
前照灯随动转向系统故障码是否清除	是 □	否 □
前照灯随动转向系统故障是否排除	是 □	否 □
工作场地是否清洁，车辆是否复位	是 □	否 □

七、课堂小结

_____

_____

_____

实操视频

前照灯电路故障检查与修理（二）任务工单——车载电网前照灯系统故障检查			
客户信息	姓名		电话
车辆信息	车型	VIN	行驶里程

故障检修

车辆近光灯不亮 □	发动机基础检查 □	发动机故障自诊断 □	车辆远光灯不亮 □
车辆转向灯不亮 □	仪表故障灯亮起 □	CAN数据总线检修 □	近光灯照明距离故障 □
车辆制动灯不亮 □	倒车雷达故障 □	转向辅助灯故障 □	日间行车灯故障 □

客户描述：

_____

_____

_____

车辆外观检查		车辆内部检查	
凹凸 □		污渍 □	
划痕 □		破损 □	
石击 □		色斑 □	
油漆 □		变形 □	

明确具体工作任务

_____

_____

_____

- 掌握汽车前照灯电路故障检查与修理的思路
- 能够正确使用检测设备和仪器进行故障检测
- 能够正确填写维修工单，进行质量检查

- 前照灯随动转向系统
- 近光灯灯泡的工作原理及特点
- 前照灯随动转向系统的故障检查方法
- 氙气灯维修注意事项

- 近光灯灯泡的工作原理及特点
- 前照灯随动转向系统的故障检查方法

- 前照灯随动转向系统的故障检查方法

一、知识讲解

（一）前照灯随动转向系统

前照灯随动转向系统（Adaptive Front-lighting System，AFS）包含了前照灯智能随动系统和前照灯照明距离动态调节系统。在夜间转弯时，AFS能根据车速及转向盘的转向角度自动调整近光灯的照射中心，自动指向入弯处，确保弯道中的高能见度。当车身后部因负载较重而角度上扬时，AFS能自动调整前照灯照明距离，避免灯光上扬对对面车辆乘驾人员造成干扰，如图8-1所示。

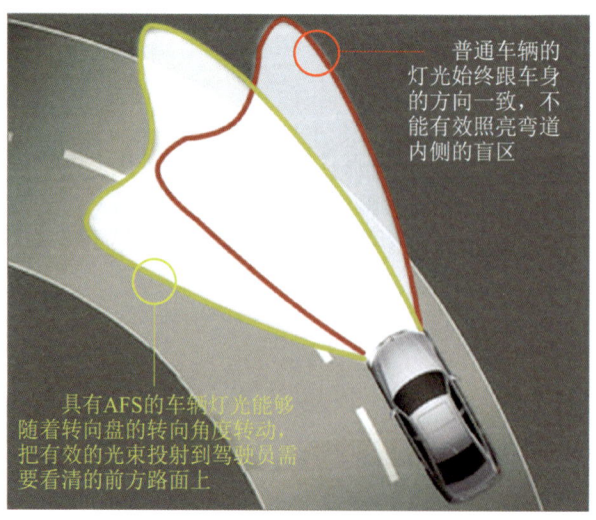

图 8-1　前照灯随动转向系统

前照灯随动转向系统由前照灯照明距离调节控制单元J745、左后车辆高度传感器G76、车灯开关E1、转向柱电子装置控制单元J527、前照灯总成、车载电网控制单元J519等组成。

前照灯总成分为左前照灯总成J667和右前照灯总成J668（图8-2），其主要由气体放电灯泡、气体放电灯泡控制单元、电源模块、前照灯随动伺服电动机、照明距离调节伺服电动机等组成。前照灯随动转向系统工作原理如图8-3所示。

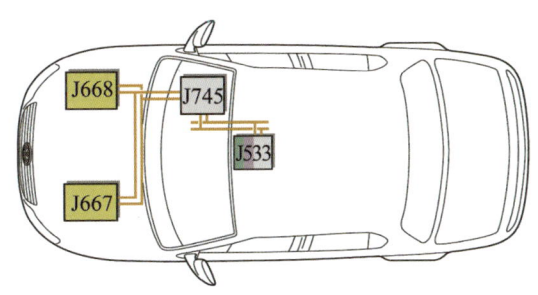

图 8-2　前照灯总成

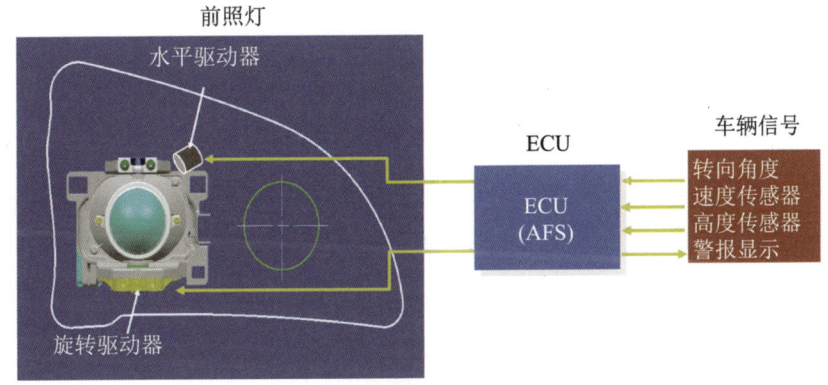

图 8-3　前照灯随动转向系统工作原理

（二）近光灯灯泡的工作原理及特点

目前常见的近光灯灯泡有卤素灯泡、氙气灯泡和LED灯泡，它们的工作原理及特点见表8-1。

表 8-1　　　　　　　　　　　　　　　近光灯灯泡的工作原理及特点

灯泡类型	卤素灯泡	氙气灯泡	LED 灯泡
图片			

续表

灯泡类型	卤素灯泡	氙气灯泡	LED 灯泡
工作原理	利用灯管中螺旋状的钨丝生热发光	没有灯丝，利用高压击穿氙气，使氙气在两个电极之间形成电弧而发光	LED 作为光源
特点	能耗高，效能低，发热量大，亮度低	能耗低，效能高，亮度高，需要配安定器	效能高，智能化，占用空间小，依据前照灯的形状设计

（三）前照灯随动转向系统的故障检查方法

（1）连接诊断仪，进入"前照灯照明距离调节装置"系统，读取故障码，根据检查出的灯光异常现象和读取的故障码确定诊断思路。

（2）如果故障码是"前照灯无基本设置"，则使用诊断仪进入"基本设置"，对前照灯随动转向系统进行基本设置，然后再次读取故障码，确认故障码是否清除。正常情况下，完成基本设置后该故障码不会再次出现。

（3）如果故障码是有关前照灯照明距离和前照灯随动的故障码，则首先打开近光灯，然后使用诊断仪进行"作动器诊断"，通过前照灯照明距离调节控制单元J745分别驱动照明距离调节伺服电动机和前照灯随动伺服电动机，检查伺服电动机运转是否正常。如果运转正常，则J745与前照灯总成之间的线束及相应伺服电动机均正常；否则检查J745与前照灯总成之间的线束、前照灯插头和线束插头端子是否正常，检查线束供电和搭铁是否正常，检查照明距离调节伺服电动机和前照灯随动伺服电动机是否正常。

（4）测量J745与前照灯总成之间CAN数据总线的波形。

（5）如果故障码是"车身高度传感器"类型，则检查左后车辆高度传感器G76及其插头端子是否正常。

（6）在拆装、更换前照灯照明距离调节控制单元J745之前，必须读取并记录控制单元内的编码，更换新控制单元后再输入原控制单元编码进行匹配，并进行前照灯基本设置。

（四）氙气灯维修注意事项

1. 维修时的防护要求

维修氙气灯时需要佩戴专业护目镜和手套。

2. 注意高电压和大电流

（1）灯座区域内照明系统的控制单元、插头或部件带有致命的高电压，只有在灯泡安装结束后，方可使控制单元工作。

（2）维修前要关闭点火开关和全车用电器，并拔出点火钥匙。

（3）维修时必须确保所有部件不带电，而且关闭前照灯后必须消除剩余电压，并保证车灯处于关

闭状态。

3. 注意辐射和高温

（1）氙气灯泡只能在前照灯壳体内使用。由于其紫外线辐射量大，因此维修时必须配备防护装置，并且不要直接看向灯泡发出的光束，避免灼目伤害。

（2）氙气灯泡的玻璃壳体温度可能很高，维修时应避免烫伤。

二、任务准备

勾选出完成本任务所需要的物品。

工具车	工具套件	三件套	吹尘枪
诊断仪	旋具套装	数字万用表	二极管试灯
听诊器	抹布	燃油压力表	气缸压力表

示波器	尾气分析仪	举升机	实训车辆

维修手册	多楔传动带

三、防护措施

（1）进入车间应穿工鞋，戴工帽；工作服应整洁，无破损；操作时不可戴手表等金属饰品，以防划伤车辆表面。

（2）举升车辆时应严格按照举升机操作规范进行操作，并通知其他人员远离举升机。

（3）更换油液或配件时，应做好油液和配件的回收清理工作，以免对工作环境造成污染。

观察下列操作图片，选出操作正确的图片。

四、任务分配

任务分配见表8-2。

表 8-2　　　　　　　　　　　　　　　　　任务分配

职务	成员	姓名	工作内容
组长	技师A		监督、管理组员工作
组员	技师B		准备实训所需车辆及零配件
	技师C		
	技师D		准备实训所需工具及维修手册
	技师E		

五、任务实施

（一）操作流程

为每个操作流程中的工作内容排序并将序号填写在表8-3中。

表 8-3　　　　　　　　　　　　前照灯电路故障检查与修理操作步骤

操作流程	步骤	工作内容
故障验证及基础检查		将车辆停放在维修工位，拉起驻车制动器并将自动变速器置于空挡
		铺设三件套
		准备常用工具、诊断仪、数字万用表、二极管试灯
		打开点火开关，查看仪表板上灯光故障指示灯情况
		逐项检查近光灯、远光灯、雾灯、转向灯，查看有无异常现象
车载电网前照灯系统故障检查		连接诊断仪，打开点火开关，使用诊断仪进入"中央电气电子设备"系统，读取故障码
		连接诊断仪，进入"中央电气电子设备"系统，读取灯光开关相关状态数据块，查看开关信号是否正常
		使用执行元件动作测试功能对发生故障的灯泡进行动作测试，观察能否成功将其点亮。如果不能点亮，则检查前照灯14芯线束插头处J519的动作测试信号是否顺利到达。如果信号已到达，但是灯泡没有亮起，则检查灯泡与前照灯之间线路；否则检查J519与前照灯之间的14芯线束

操作流程	步骤	工作内容
车载电网前照灯系统故障检查		如果故障码是转向灯、示廓灯、近光灯类型，则检查灯光开关各挡位是否正常；检查灯光开关插头和线束插头端子是否正常；检查线束供电和搭铁是否正常
		检查灯光开关与车载电网控制单元J519之间线束是否正常；检查灯光开关各挡位信号是否顺利到达J519线束插头端；检查J519控制单元插头端子是否正常
		如果在线束正常且满足基本条件的情况下，诊断仪执行动作测试后J519没有发出相应电压信号，则更换J519
前照灯随动转向系统检查		连接诊断仪，进入"前照灯照明距离调节装置"系统，读取故障码，根据检查出的灯光异常现象和读取的故障码确定诊断思路
		如果故障码是有关前照灯照明距离和前照灯随动的故障码，则首先打开近光灯，然后使用诊断仪进行"作动器诊断"，通过前照灯照明距离调节控制单元J745分别驱动照明距离调节伺服电动机和前照灯随动伺服电动机，检查伺服电动机运转是否正常。如果运转正常，则J745与前照灯总成之间的线束及相应伺服电动机均正常；否则检查J745与前照灯总成之间的线束、前照灯插头和线束插头端子是否正常，检查线束供电和搭铁是否正常，检查照明距离调节伺服电动机和前照灯随动伺服电动机是否正常
		如果故障码是"前照灯无基本设置"，则使用诊断仪进入"基本设置"，对前照灯随动转向系统进行基本设置，然后再次读取故障码，确认故障码是否清除。正常情况下，完成基本设置后该故障码不会再次出现
		测量J745与前照灯总成之间CAN数据总线的波形
		如果故障码是"车身高度传感器"类型，则检查左后车辆高度传感器G76及其插头端子是否正常
		在拆装、更换前照灯照明距离调节控制单元J745之前，必须读取并记录控制单元内的编码，更换新控制单元后再输入原控制单元编码进行匹配，并进行前照灯基本设置

（二）实施记录

结合实施过程，对照表8-4所列项目进行检查，并记录实际的检查结果。

表8-4　　　　　　　　　　前照灯电路故障检查与修理实施记录

序号	项目	故障检查	故障记录
1	故障验证及基础检查	安全防护工作☐　近光灯☐　远光灯☐　雾灯☐　转向灯☐ 故障现象验证：_____	

续表

序号	项目	故障检查	故障记录
2	车载电网前照灯系统故障检查	连接诊断仪检查　□　　不能进入自诊断系统□　　可以进入自诊断系统□ 诊断插座U31检查□　　相关熔丝检查　　□　　网关J533检查　　　□ 前照灯开关检查　□　　动作测试情况检查　□ 前照系统总成电源、搭铁、熔丝检查　　　　　　　□ 车载电网控制单元J519电源、搭铁、熔丝检查　　　□ 车载电网控制单元J519与前照灯总成的线束连接检查　□ 故障记录：＿＿＿＿＿＿＿＿＿＿＿＿＿＿＿＿＿＿＿＿＿＿ ＿＿＿＿＿＿＿＿＿＿＿＿＿＿＿＿＿＿＿＿＿＿＿＿＿＿	
3	前照灯随动转向系统检查	连接诊断仪检查　□　　不能进入自诊断系统□　　可以进入自诊断系统□ 诊断插座U31检查□　　相关熔丝检查　　□　　　　网关J533检查□ "前照灯无基本设置"故障码检查　　　　　□　　作动器诊断情况检查□ J745电源、搭铁、熔丝检查　　　　　　　　□ J745与前照灯总成的线束连接检查　　　　□ J745驱动照明距离调节伺服电动机和前照灯随动伺服电动机情况检查□ 故障记录：＿＿＿＿＿＿＿＿＿＿＿＿＿＿＿＿＿＿＿＿＿＿ ＿＿＿＿＿＿＿＿＿＿＿＿＿＿＿＿＿＿＿＿＿＿＿＿＿＿	
4	其他		

根据任务实施操作流程和故障排除过程，总结前照灯电路故障排除思路，并写在下面。

＿＿

＿＿

＿＿

＿＿

＿＿

六、检查

（一）自检

结合本组任务操作流程，对任务执行过程中的操作规范性进行检查，检查是否存在以下问题，分析、讨论应如何避免并总结规范的操作方法（表8-5）。

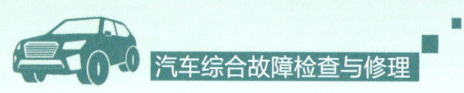

表 8-5 　　　　　　　　　　　　　　　　自检

检查项目	检查结果			
车辆停放位置是否合适，是否将变速器置于空挡并拉紧驻车制动器	是 ☐		否 ☐	
是否使用三件套对车辆进行防护	是 ☐		否 ☐	
前照灯电路故障是否确认	是 ☐		否 ☐	
"中央电气电子设备"系统是否读取故障码	是 ☐		否 ☐	
"中央电气电子设备"系统故障是否排除	是 ☐		否 ☐	
前照灯随动转向系统故障码是否清除	是 ☐		否 ☐	
前照灯随动转向系统故障是否排除	是 ☐		否 ☐	
工作场地是否清洁，车辆是否复位	是 ☐		否 ☐	

（二）互检

小组成员之间相互进行任务操作过程及结果检查，并把检查结果填写在表8-6中。

表 8-6 　　　　　　　　　　　　　　　　互检

检查项目	检查结果			
车辆停放位置是否合适，是否将变速器置于空挡并拉紧驻车制动器	是 ☐		否 ☐	
是否使用三件套对车辆进行防护	是 ☐		否 ☐	
前照灯电路故障是否确认	是 ☐		否 ☐	
"中央电气电子设备"系统是否读取故障码	是 ☐		否 ☐	
"中央电气电子设备"系统故障是否排除	是 ☐		否 ☐	
前照灯随动转向系统故障码是否清除	是 ☐		否 ☐	
前照灯随动转向系统故障是否排除	是 ☐		否 ☐	
工作场地是否清洁，车辆是否复位	是 ☐		否 ☐	

七、课堂小结

实操视频

刮水器不工作故障检查与修理（一）任务工单——有故障码的检查		
客户信息	姓名	电话

车辆信息	车型	VIN	行驶里程

故障检修

刮水器不刮水　☐　　自动刮水器挡位失灵　☐　　刮水器不喷水　☐

风窗清洗功能失效　☐　　刮水器刮水速度过低　☐　　刮水器刮不干净　☐

客户描述：

_____

_____

_____

车辆外观检查	车辆内部检查
凹凸　☐	污渍　☐
划痕　☐	破损　☐
石击　☐	色斑　☐
油漆　☐	变形　☐

明确具体工作任务

_____

_____

_____

- 能够与客户进行沟通并验证故障现象
- 能够根据故障现象分析可能的故障原因，并制订相关检查计划
- 能够依照检查计划对车辆进行检查，并根据检查结果明确故障点
- 能够对故障点进行修复或给出修复建议
- 能够正确填写维修工单，进行质量检查

- 刮水器电路组成与控制原理
- 刮水器不工作故障的诊断流程

- 刮水器不工作故障的诊断流程

- 刮水器不工作故障的诊断流程

一、知识讲解

（一）刮水器电路组成与控制原理

1. 刮水器电路组成

在带车载电网控制单元的车辆上，刮水器电路主要由刮水器电动机控制单元J400、车载电网控制单元J519、转向柱电子装置控制单元J527、雨量和光照识别传感器G397、发动机舱盖接触开关F266等组成，如图9-1所示。车速信号主要由ABS控制单元J104通过车辆数据总线诊断接口J533与CAN数据总线向车载电网系统提供。

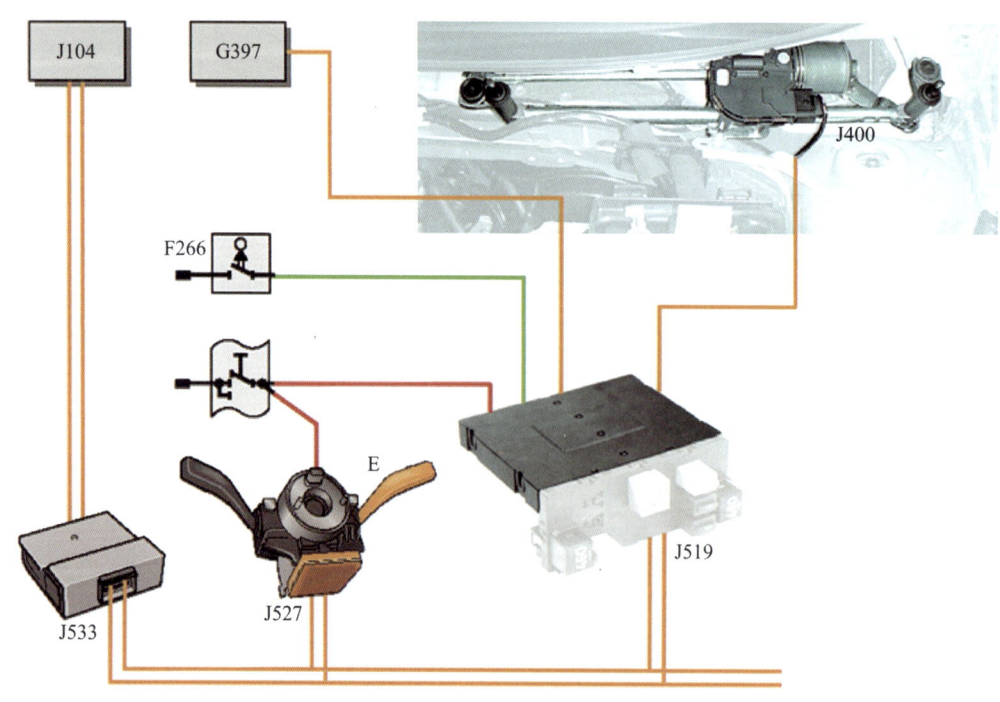

图 9-1　刮水器电路组成

2. 刮水器电路控制原理

（1）刮水器开关对刮水器的控制

打开点火开关后，刮水器开关通过转向柱电子装置控制单元J527上的CAN数据总线，向车载电网控制单元J519传递刮水器开关状态信号。车载电网控制单元J519在识别刮水器开关的状态信号后，通过LIN总线向刮水器电动机控制单元J400发送操作指令，使其完成相应的间歇、低速、快速刮水动作。

（2）刮水器的自动控制

当打开点火开关，且将刮水器开关置于"间歇"位置时，激活自动刮水器系统的雨量和光照识别传感器G397。此时车载电网控制单元J519根据来自雨量和光照识别传感器G397的信号，判断雨量大小，并根据车速信号控制刮水器电动机的运转速度。

（3）刮水器风窗清洗控制

当沿转向盘轴线向上拨动刮水器开关时，刮水器喷水开关闭合，转向柱电子装置控制单元J527将此信号通过CAN数据总线传递至车载电网控制单元J519。车载电网控制单元J519向风窗清洗泵供电，使其运转，同时向刮水器电动机控制单元J400发送刮水指令，刮水器运转二三次。

（4）刮水器控制系统的保护控制

当发动机舱盖打开时，接触开关将发动机舱盖打开信号传递至车载电网控制单元J519，车载电网控制单元J519随即终止刮水器电动机动作，此时无论刮水器开关处于哪个挡位，刮水器都不工作；另外，发动机舱盖接触线路短路也会导致此现象发生。

（二）刮水器故障的诊断流程

（1）验证故障现象，并使用诊断仪分别查询转向柱电子装置控制单元J527与车载电网控制单元J519内有无相关故障码。

（2）若查询到故障码，则应根据故障码内容对相关电气元件进行检查或检修。

（3）若系统中无任何故障码，则应检查相应机械装置有无损坏或发动机舱盖锁开关及线路有无故障等。

二、任务准备

勾选出完成本任务所需要的物品。

 工具车	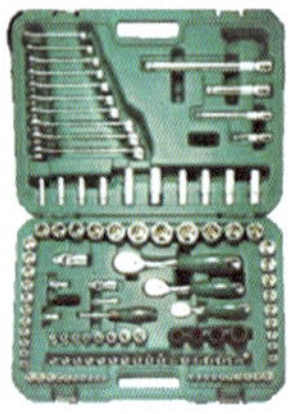 工具套件	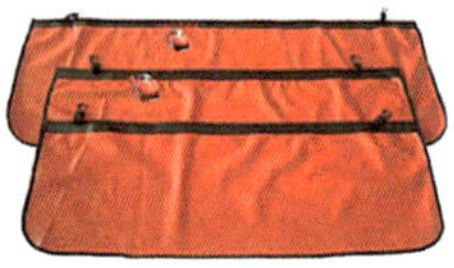 三件套	 吹尘枪
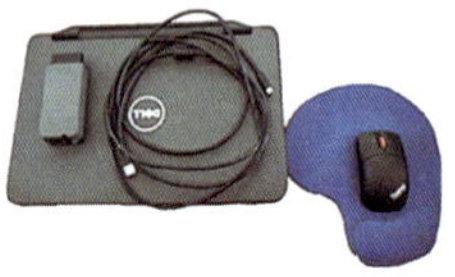 诊断仪	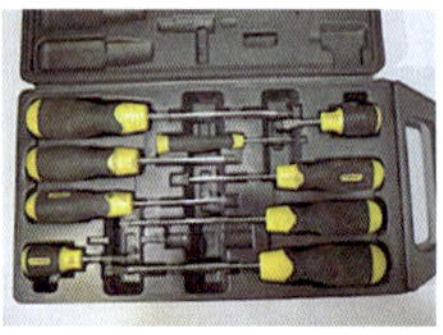 旋具套装	 数字万用表	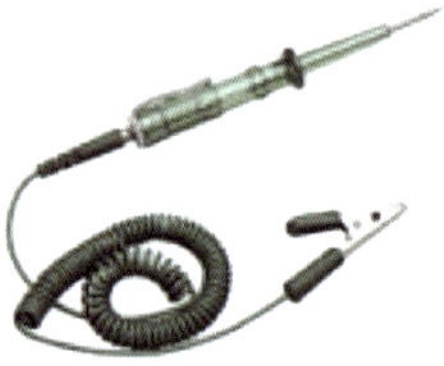 二极管试灯
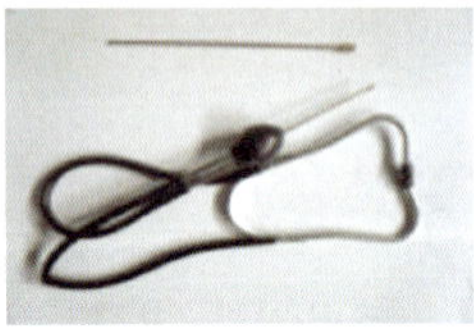 听诊器	 抹布	 接油盆	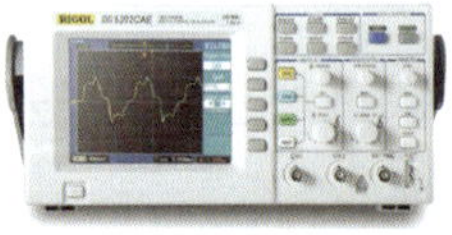 示波器
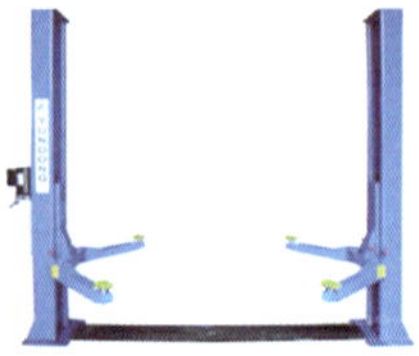 举升机	 实训车辆	 维修手册	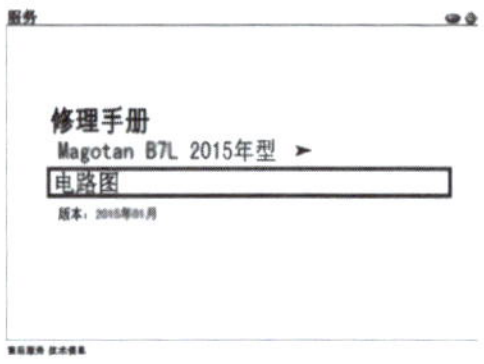 电路图

三、防护措施

（1）进入车间应穿工鞋，戴工帽；工作服应整洁，无破损；操作时不可戴手表等金属饰品，以防划伤车辆表面。

（2）举升车辆时应严格按照举升机操作规范进行操作，并通知其他人员远离举升机。

（3）取下风窗清洗泵电动机时，必须将风窗清洗液储液壶中的清洗液抽取干净，或在其下方放置接油盆。

观察下列操作图片，选出操作正确的图片。

四、任务分配

任务分配见表9-1。

表 9-1　　　　　　　　　　　　　　　　任务分配

职务	成员	姓名	工作内容
组长	技师A		监督、管理组员工作
组员	技师B		准备实训所需车辆及配件
	技师C		
	技师D		准备实训所需工具及维修手册
	技师E		

汽车综合故障检查与修理

五、任务实施

（一）操作流程

为每个操作流程中的工作内容排序并将序号填写在表9-2中。

表 9–2　　　　　　　　　　刮水器不工作故障检查与修理操作步骤

操作流程		步骤	工作内容
故障验证及基础检查			打开点火开关，分别将刮水器在各挡位运行一次，检查刮水器工作是否正常
			连接诊断仪至车辆诊断接口，读取车载电网控制单元J519与转向柱电子装置控制单元J527故障码
有故障码检查	失去与转向柱电子装置控制单元的通信		分别拆下转向柱电子装置控制单元的16针插接器和车载电网控制单元的棕色插接器，检查其端子有无锈蚀、松旷现象，插接器端子有无折断现象
			检查转向柱电子装置控制单元熔丝SB9有无熔断、烧蚀等现象
			分别检查转向柱电子装置控制单元的T16o/3号和T16o/4号端子与车载电网控制单元的T52c/16号和T52c/12号端子之间的线路是否导通，并检查两根导线是否对地或对蓄电池正极短路
	驾驶员侧车窗玻璃刮水器电动机无信号		检查刮水器电动机插接器1号端子有无电压，2号端子与搭铁之间是否导通。若无电压或不导通，应检查并修复相关线路
			检查刮水器电动机控制单元熔丝SB22有无熔断、烧蚀等现象
			分别拔下刮水器电动机总成与车载电网控制单元的白色插接器，检查其端子有无锈蚀现象，插接器端子有无弯折、折断现象
			检查刮水器电动机插接器4号端子与车载电网控制单元白色插接器的T52b/33号端子之间线路是否导通，并检查线路是否对蓄电池正极或对地短路
	风窗清洗泵电路电气故障风窗清洗泵断路		若故障码显示为静态故障，则关闭点火开关，拆下蓄电池负极并重新连接。清除故障码并检查故障是否排除
			分别拔下车载电网控制单元的黑色和白色插接器，并分别检查风窗清洗泵1号端子和2号端子与车载电网控制单元白色插接器的T52b/2号端子和黑色插接器的T52a/3号端子之间的线路是否导通。若不导通，则对相关线路进行检修；否则控制单元内部损坏
			若拔下蓄电池负极仍无法排除故障，则拔下风窗清洗泵插接器，并检查其内部端子有无折断、弯折现象，插接器有无锈蚀现象
	雨量和光照识别传感器无信号		拔下雨量和光照识别传感器熔丝SC15，检查其有无熔断、烧蚀等现象
			拆下雨量和光照识别传感器罩壳，取下室内后视镜，拔下雨量和光照识别传感器插接器，检查其1号端子有无电压，2号端子对地是否导通。若无电压或不导通，则应对传感器电源或搭铁线路进行检查
			拔下车载电网控制单元白色插接器，检查其T52b/33号端子与雨量和光照识别传感器3号端子之间线路是否导通，并检查线路是否对蓄电池正极或对地短路

续表

操作流程	步骤	工作内容
刮水器既不喷水也不刮水的检查		拔下车载电网控制单元的黑色插接器和发动机舱内右前照灯旁的4针插接器，分别检查其内部端子有无烧蚀、松旷、弯曲等现象
		使用数字万用表检查4针插接器2号端子是否对地短路。若短路，则找出短路部位并进行修复
		使用旋具拆下发动机舱盖锁，检查4针插接器的1号端子和2号端子是否导通。若导通，则发动机舱盖锁开关损坏，内部短路，应更换
刮水器不喷水的检查		打开点火开关，操纵刮水器风窗清洗开关，听风窗清洗泵有无运转声音
		若风窗清洗泵不运转，则查询故障码，并对其电路进行检查
		检查清洗液管路有无泄漏或弯折部位，发动机舱盖上的喷嘴有无堵塞
		拆下风窗清洗泵，检查其进口是否堵塞
		将风窗清洗泵装回
刮水器不刮水的检查		打开点火开关，操纵刮水器开关，检查刮水器电动机是否运转
		若刮水器电动机运转正常，则检查刮水器臂花键或花键轴是否磨损，刮水器联动装置是否卡滞或脱落
		若刮水器电动机不运转，则读取中央电气电子设备控制单元相关故障码，并对其线路进行检查，必要时更换刮水器电动机控制单元

（二）实施记录

结合实施过程，对照表9-3所列项目进行检查，并记录实际的检查结果。

表 9-3　　　　　　　　　　　刮水器不工作故障检查与修理实施记录

序号	项目	故障检查	故障记录
1	故障验证及基础检查	安全防护工作□　刮水器不刮水　　　　　□ 刮水器不喷水□　刮水器既不喷水也不刮水□ 故障现象验证：＿＿＿＿＿＿＿＿＿＿＿＿＿＿＿＿＿	
2	自诊断及针对故障码的检查	不能进入自诊断系统□　控制单元电源故障□　线路连接故障□ 检测出的故障码：＿＿＿＿＿＿＿＿＿＿＿＿＿＿＿＿＿ 针对故障码的检修过程：＿＿＿＿＿＿＿＿＿＿＿＿＿＿ ＿＿＿＿＿＿＿＿＿＿＿＿＿＿＿＿＿＿＿＿＿＿＿＿＿ ＿＿＿＿＿＿＿＿＿＿＿＿＿＿＿＿＿＿＿＿＿＿＿＿＿	

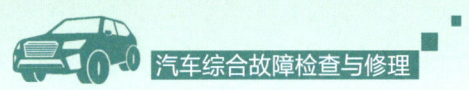
续表

序号	项目	故障检查	故障记录
3	无故障码的检查	刮水器不刮水 ☐ 刮水器不喷水 ☐ 刮水器既不喷水也不刮水 ☐ 发动机舱盖锁损坏 ☐ 发动机舱盖锁线路故障 ☐ 风窗清洗泵堵塞 ☐ 风窗清洗液管路断裂或弯折 ☐ 风窗清洗喷嘴堵塞 ☐ 刮水器联动装置损坏 ☐ 刮水器联动装置脱落 ☐ 刮水器臂花键或花键轴磨损 ☐	
4	其他		

根据任务操作流程和故障排除过程，总结刮水器不工作故障排除思路，并写在下面。

_____

_____

_____

_____

_____

六、检查

（一）自检

结合本组任务操作流程，对任务执行过程中的操作规范性进行检查，检查是否存在以下问题，分析、讨论应如何避免并总结规范的操作方法（表9-4）。

表9-4   自检

检查项目	检查结果	
刮水器不工作故障是否确认	是 ☐	否 ☐
刮水器不工作故障是否排除	是 ☐	否 ☐
工作场地是否清洁，车辆是否复位	是 ☐	否 ☐

（二）互检

小组成员之间相互进行任务操作过程及结果检查，并把检查结果填写在表9-5中。

表 9-5   互检

检查项目	检查结果		
刮水器不工作故障是否确认	是 ☐	否 ☐	
刮水器不工作故障是否排除	是 ☐	否 ☐	
工作场地是否清洁，车辆是否复位	是 ☐	否 ☐	

七、课堂小结

实操视频

刮水器不工作故障检查与修理（二）任务工单——无故障码的检查		
客户信息	姓名　　　　　　　　　　　　　　　　电话	
车辆信息	车型　　　　　　　　　VIN　　　　　　　　　　行驶里程	

故障检修	刮水器不刮水　□　　　　自动刮水器挡位失灵　□　　　　刮水器不喷水　□ 风窗清洗功能失效　□　　　刮水器刮水速度过低　□　　　刮水器刮不干净　□ 客户描述：

车辆外观检查		车辆内部检查	
凹凸　□		污渍　□	
划痕　□		破损　□	
石击　□		色斑　□	
油漆　□		变形　□	

明确具体 工作任务	

- 能够与客户进行沟通并验证故障现象
- 能够根据故障现象分析可能的故障原因，并制订相关检查计划
- 能够依照检查计划对车辆进行检查，并根据检查结果明确故障点
- 能够对故障点进行修复或给出修复建议
- 能够正确填写维修工单，进行质量检查

- 刮水器系统故障诊断树

- 刮水器系统故障诊断树

- 刮水器系统故障诊断树

一、知识讲解

刮水器系统故障诊断树

刮水器系统故障诊断树如图10-1所示。

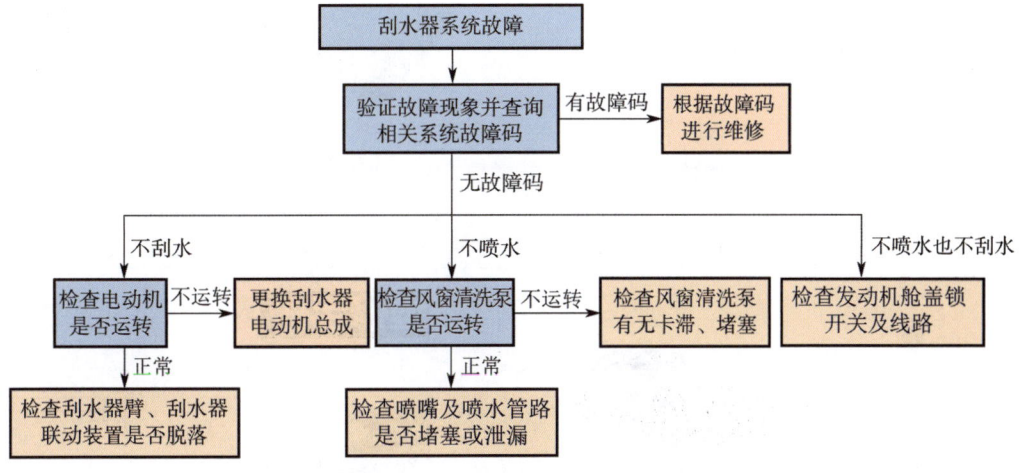

图 10-1　刮水器系统故障诊断树

二、任务准备

勾选出完成本任务所需要的物品。

 工具车	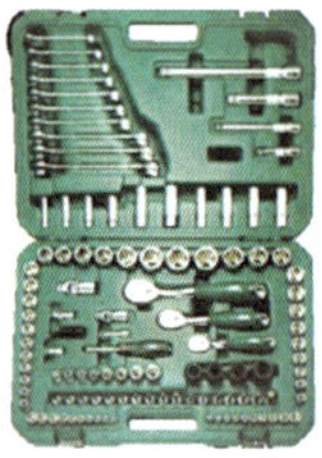 工具套件	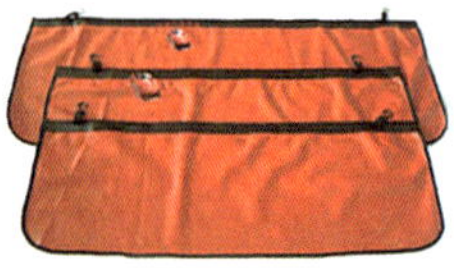 三件套	 吹尘枪
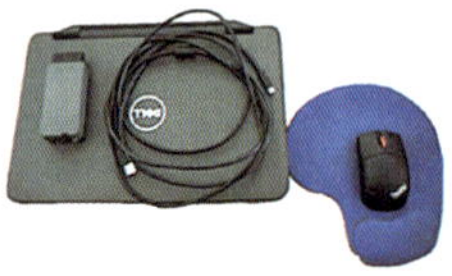 诊断仪	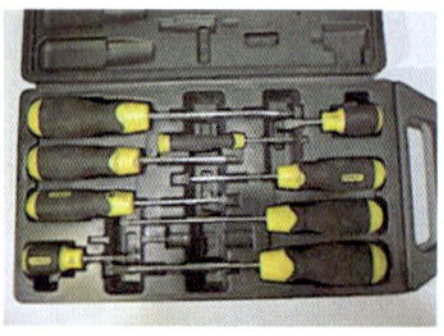 旋具套装	 数字万用表	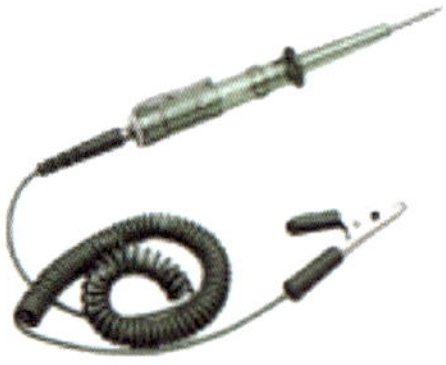 二极管试灯
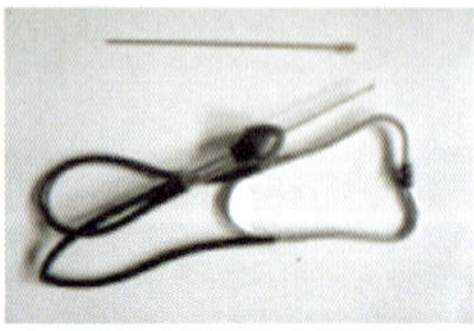 听诊器	 抹布	 接油盆	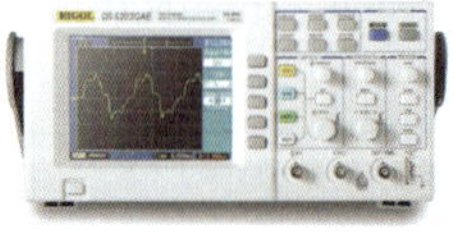 示波器
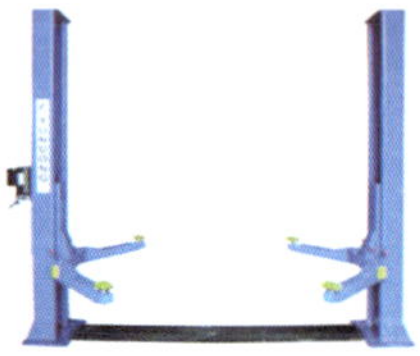 举升机	 实训车辆	 维修手册	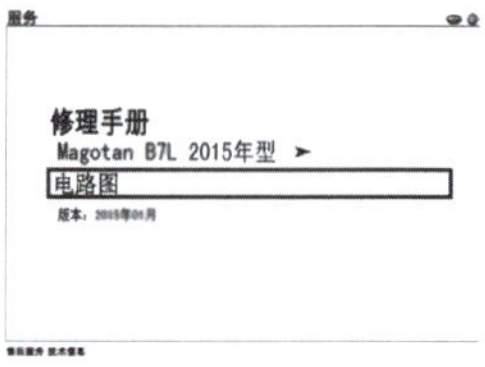 电路图

三、防护措施

（1）进入车间应穿工鞋，戴工帽；工作服应整洁，无破损；操作时不可戴手表等金属饰品，以防划伤车辆表面。

（2）举升车辆时应严格按照举升机操作规范进行操作，并通知其他人员远离举升机。

（3）取下风窗清洗泵电动机时，必须将风窗清洗液储液壶中的清洗液抽取干净，或在其下方放置接油盆。

观察下列操作图片，选出操作正确的图片。

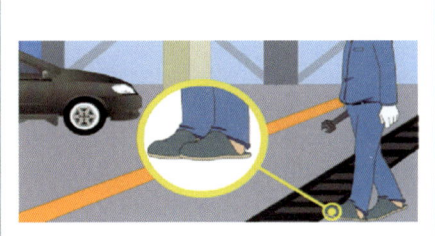

四、任务分配

任务分配见表10-1。

表 10-1 　　　　　　　　　　　　任务分配

职务	成员	姓名	工作内容
组长	技师A		监督、管理组员工作
组员	技师B		准备实训所需车辆及配件
	技师C		
	技师D		准备实训所需工具及维修手册
	技师E		

五、任务实施

（一）操作流程

为每个操作流程中的工作内容排序并将序号填写在表10-2中。

表 10-2　　　　　　　　　　　刮水器不工作故障检查与修理操作步骤

操作流程		步骤	工作内容
故障验证及基础检查			打开点火开关，分别将刮水器在各挡位运行一次，检查刮水器工作是否正常
			连接诊断仪至车辆诊断接口，读取车载电网控制单元J519与转向柱电子装置控制单元J527故障码
有故障码检查	失去与转向柱电子装置控制单元的通信		分别拆下转向柱电子装置控制单元的16针插接器和车载电网控制单元的棕色插接器，检查其端子有无锈蚀、松旷现象，插接器端子有无折断现象
			检查转向柱电子装置控制单元熔丝SB9有无熔断、烧蚀等现象
			分别检查转向柱电子装置控制单元的T16o/3号和T16o/4号端子与车载电网控制单元的T52c/16号和T52c/12号端子之间的线路是否导通，并检查两根导线是否对地或对蓄电池正极短路
	驾驶员侧车窗玻璃刮水器电动机无信号		检查刮水器电动机插接器1号端子有无电压，2号端子与搭铁之间是否导通。若无电压或不导通，应检查并修复相关线路
			检查刮水器电动机控制单元熔丝SB22有无熔断、烧蚀等现象
			分别拔下刮水器电动机总成与车载电网控制单元的白色插接器，检查其端子有无锈蚀现象，插接器端子有无弯折、折断现象
			检查刮水器电动机插接器4号端子与车载电网控制单元白色插接器的T52b/33号端子之间线路是否导通，并检查线路是否对蓄电池正极或对地短路
	风窗清洗泵电路电气故障风窗清洗泵断路		若故障码显示为静态故障，则关闭点火开关，拆下蓄电池负极并重新连接。清除故障码并检查故障是否排除
			分别拔下车载电网控制单元的黑色和白色插接器，并分别检查风窗清洗泵1号端子和2号端子与车载电网控制单元白色插接器的T52b/2号端子和黑色插接器的T52a/3号端子之间的线路是否导通。若不导通，则对相关线路进行检修；否则控制单元内部损坏
			若拔下蓄电池负极仍无法排除故障，则拔下风窗清洗泵插接器，并检查其内部端子有无折断、弯折现象，插接器有无锈蚀现象
	雨量和光照识别传感器无信号		拔下雨量和光照识别传感器熔丝SC15，检查其有无熔断、烧蚀等现象
			拆下雨量和光照识别传感器罩壳，取下室内后视镜，拔下雨量和光照识别传感器插接器，检查其1号端子有无电压，2号端子对地是否导通。若无电压或不导通，则应对传感器电源或搭铁线路进行检查
			拔下车载电网控制单元白色插接器，检查其T52b/33号端子与雨量和光照识别传感器3号端子之间线路是否导通，并检查线路是否对蓄电池正极或对地短路

操作流程	步骤	工作内容
刮水器既不喷水也不刮水的检查		拔下车载电网控制单元的黑色插接器和发动机舱内右前照灯旁的4针插接器，分别检查其内部端子有无烧蚀、松旷、弯曲等现象
		使用数字万用表检查4针插接器2号端子是否对地短路。若短路，则找出短路部位并进行修复
		使用旋具拆下发动机舱盖锁，检查4针插接器的1号端子和2号端子是否导通。若导通，则发动机舱盖锁开关损坏，内部短路，应更换
刮水器不喷水的检查		打开点火开关，操纵刮水器风窗清洗开关，听风窗清洗泵有无运转声音
		若风窗清洗泵不运转，则查询故障码，并对其电路进行检查
		检查清洗液管路有无泄漏或弯折部位，发动机舱盖上的喷嘴有无堵塞
		拆下风窗清洗泵，检查其进口是否堵塞
		将风窗清洗泵装回
刮水器不刮水的检查		打开点火开关，操纵刮水器开关，检查刮水器电动机是否运转
		若刮水器电动机运转正常，则检查刮水器臂花键或花键轴是否磨损，刮水器联动装置是否卡滞或脱落
		若刮水器电动机不运转，则读取中央电气电子设备控制单元相关故障码，并对其线路进行检查，必要时更换刮水器电动机控制单元

（二）实施记录

结合实施过程，对照表10-3所列项目进行检查，并记录实际的检查结果。

表 10–3   刮水器不工作故障检查与修理实施记录

序号	项目	故障检查	故障记录
1	故障验证及基础检查	安全防护工作□ 刮水器不刮水 □ 刮水器不喷水□ 刮水器既不喷水也不刮水□ 故障现象验证：_____	
2	自诊断及针对故障码的检查	不能进入自诊断系统□ 控制单元电源故障□ 线路连接故障□ 检测出的故障码：_____ 针对故障码的检修过程：_____ _____ _____	

序号	项目	故障检查		故障记录
3	无故障码的检查	刮水器不刮水 ☐ 刮水器既不喷水也不刮水 ☐ 发动机舱盖锁线路故障 ☐ 风窗清洗液管路断裂或弯折☐ 刮水器联动装置损坏 ☐ 刮水器臂花键或花键轴磨损☐	刮水器不喷水 ☐ 发动机舱盖锁损坏 ☐ 风窗清洗泵堵塞 ☐ 风窗清洗喷嘴堵塞 ☐ 刮水器联动装置脱落☐	
4	其他			

根据任务操作流程和故障排除过程，总结刮水器不工作故障排除思路，并写在下面。

_____

_____

_____

_____

_____

_____

_____

六、检查

（一）自检

结合本组任务操作流程，对任务执行过程中的操作规范性进行检查，检查是否存在以下问题，分析、讨论应如何避免并总结规范的操作方法（表10-4）。

表 10-4　　　　　　　　　　　　　　　　　自检

检查项目	检查结果			
刮水器不工作故障是否确认	是 ☐		否 ☐	
刮水器不工作故障是否排除	是 ☐		否 ☐	
工作场地是否清洁，车辆是否复位	是 ☐		否 ☐	

（二）互检

小组成员之间相互进行任务操作过程及结果检查，并把检查结果填写在表10-5中。

表 10-5 互检

检查项目	检查结果
刮水器不工作故障是否确认	是 ☐ 否 ☐
刮水器不工作故障是否排除	是 ☐ 否 ☐
工作场地是否清洁，车辆是否复位	是 ☐ 否 ☐

七、课堂小结

实操视频

电动车窗故障检查与修理（一）任务工单——基础检查及故障自诊断						
客户信息	姓名			电话		

车辆信息	车型		VIN		行驶里程	

故障检修	故障验证 ☐　机油液面检查 ☐　冷却液液面检查 ☐　故障自诊断 ☐ 读取与清除故障码☐　车窗玻璃检查 ☐　玻璃水液面检查 ☐　读取数据流 ☐ 基本设定 ☐　舒适CAN数据总线波形检测☐　LIN数据总线波形检测 ☐　控制单元检查☐ 电动车窗熔丝检查☐　控制电路检查 ☐　车窗玻璃升降器检查 ☐ 客户描述： _____ _____

	车辆外观检查		车辆内部检查
凹凸 ☐		污渍 ☐	
划痕 ☐		破损 ☐	
石击 ☐		色斑 ☐	
油漆 ☐		变形 ☐	

明确具体 工作任务	_____ _____ _____

- 能够对电动车窗故障进行故障分析
- 能够根据故障诊断树进行故障检测、维修及排除
- 能够正确使用检测设备和仪器进行故障检测
- 能够完成故障部件的检查、更换和维修
- 能够正确填写维修工单，进行质量检查

- 电动车窗的组成、作用和控制功能
- 电动车窗故障类型及故障原因
- 电动车窗故障诊断及排除思路

- 电动车窗故障类型及故障原因
- 电动车窗无法升降故障检修

- 电动车窗故障的排除

一、知识讲解

（一）电动车窗的组成与作用

电动车窗是驾驶员或乘客利用开关控制车窗玻璃自动升降的一种装置，其操作简便且利于行车安全。

电动车窗主要由车窗驱动电动机、车窗控制开关、车窗控制单元、车窗玻璃、车窗玻璃升降器等组成，如图 11-1 所示。

    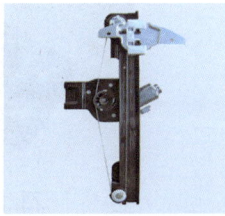

（a）车窗驱动电动机　（b）车窗控制开关　（c）车窗控制单元　（d）车窗玻璃　（e）车窗玻璃升降器

图 11-1　电动车窗的组成

1. 车窗驱动电动机

车窗驱动电动机是双向旋转的，有永磁式和双绕组串联式两种。每个车门各有一个驱动电动机，通过控制驱动电动机中的电流方向，实现正转或反转，从而控制车窗玻璃的升降。为了防止驱动电动机过载，在电路或驱动电动机内装有一个或多个热敏开关，用以控制电流。当车窗玻璃上升到极限位置或由于结冰而不能自由移动时，热敏开关会自动断开电路，从而避免驱动电动机由于通电时间过长

而烧坏。大众车系的车窗驱动电动机与车门控制单元集成在一起，如图 11-2 所示。

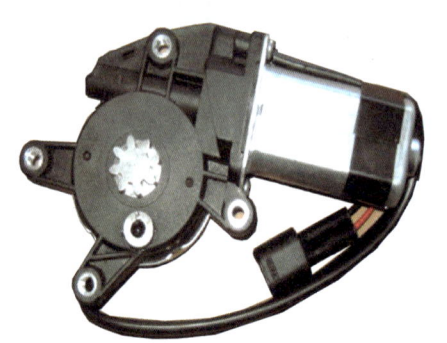　　

（a）车窗驱动电动机　　　　　　　（b）车门控制单元

图 11-2　大众车系的车窗驱动电动机和车门控制单元

2. 车窗控制开关

车窗控制开关主要有驾驶员侧车窗总开关和乘客侧车窗分开关。

（1）驾驶员侧车窗总开关（图 11-3）

驾驶员侧车窗总开关控制整个电动车窗系统，当其锁止按钮被按下时，乘客侧车窗分开关就不起作用。

（2）乘客侧车窗分开关（图 11-4）

车窗分开关安装在各车门上，控制各自车窗玻璃。部分汽车只有当点火开关在 "ON" 或 "ACC" 位置时，车窗分开关才起作用，且大多无自动升降功能。

图 11-3　驾驶员侧车窗总开关　　　　　　图 11-4　乘客侧车窗分开关

3. 车窗玻璃升降器

车窗玻璃升降器有交臂式、绳轮式和齿条式等几种。

（1）交臂式车窗玻璃升降器

交臂式车窗玻璃升降器的驱动电动机输出部分是一个小齿轮，小齿轮驱动啮合的扇形齿轮旋转，通过交臂式升降机构带动玻璃沿导轨上下运动，如图 11-5 所示。

（2）绳轮式车窗玻璃升降器

绳轮式车窗玻璃升降器的驱动电动机输出部分是一个塑料绳轮，绳轮上绕有钢丝绳，钢丝绳上装有滑块。驱动电动机驱动绳轮，带动钢丝绳卷绕，通过钢丝绳上的滑块带动玻璃沿导轨上下运动，如图 11-6 所示。

（3）齿条式车窗玻璃升降器

齿条式车窗玻璃升降器的驱动电动机输出部分也是一个小齿轮，小齿轮通过与软轴上的齿（近似于齿条）相啮合，驱动软轴卷绕，从而带动玻璃沿导轨上下运动，如图 11-7 所示。

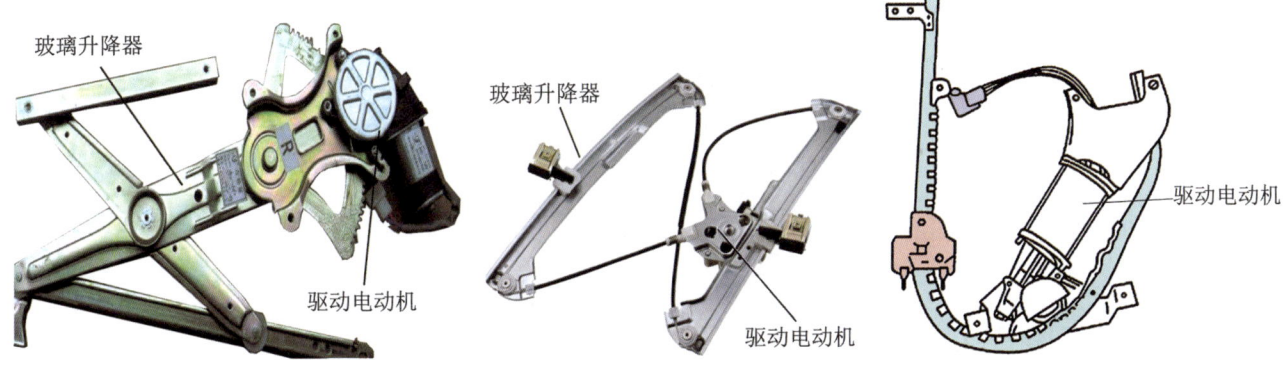

图 11-5 交臂式车窗玻璃升降器　　图 11-6 绳轮式车窗玻璃升降器　　图 11-7 齿条式车窗玻璃升降器

（二）电动车窗的控制功能

电动车窗的控制功能见表11-1。

表 11-1　　　　　　　　　　　　电动车窗的控制功能

序号	控制功能	功能说明
1	手动升／降	按下车窗开关时，车窗玻璃会升／降；松开车窗开关时，车窗玻璃会自动停止
2	一键升／降	当车窗开关处于一键位置（极限位置）时，按一下车窗开关，车窗玻璃会自动升／降到极限位置
3	车窗锁止	启动该功能后，除驾驶员侧车窗总开关外，其他车窗分开关均失效
4	防夹保护	当车窗上升遇到障碍时，能检测出由障碍所引起的阻力，进而自动停止关闭车窗，并将车窗玻璃向下移动 50 mm，避免出现人身伤害
5	延时升／降	在点火开关断开约 1 min 内（不同汽车时长不同）且车门打开以前，控制电路中仍有电流供给，使驾驶员和乘客有时间关闭车窗
6	门锁联动关闭	当驾驶员从车内走出而未关闭车窗时，可以在车外通过中控门锁系统自动关闭车窗

（三）电动车窗常见故障类型及故障原因

电动车窗常见故障类型及故障原因见表11-2。

表 11-2　　　　　　　　　　　　电动车窗常见故障类型及故障原因

故障类型	常见故障原因
全部车窗玻璃升降器不工作	（1）熔丝损坏，搭铁导线锈蚀、松动 （2）连接导线断路或相关插接器松脱
个别车窗不能升降或只能向一个方向运动	（3）车窗继电器、控制器损坏 （4）车窗开关损坏，驱动电动机损坏 （5）LIN总线网络故障
车窗玻璃升降时有异响	（6）车窗玻璃升降器调整不当，滑动支架内传动钢丝夹转动，驱动电动机盖板或固定架与玻璃碰擦等

（四）大众迈腾 B7L 电动车窗控制原理

大众迈腾 B7L 电动车窗控制原理如图11-8所示。

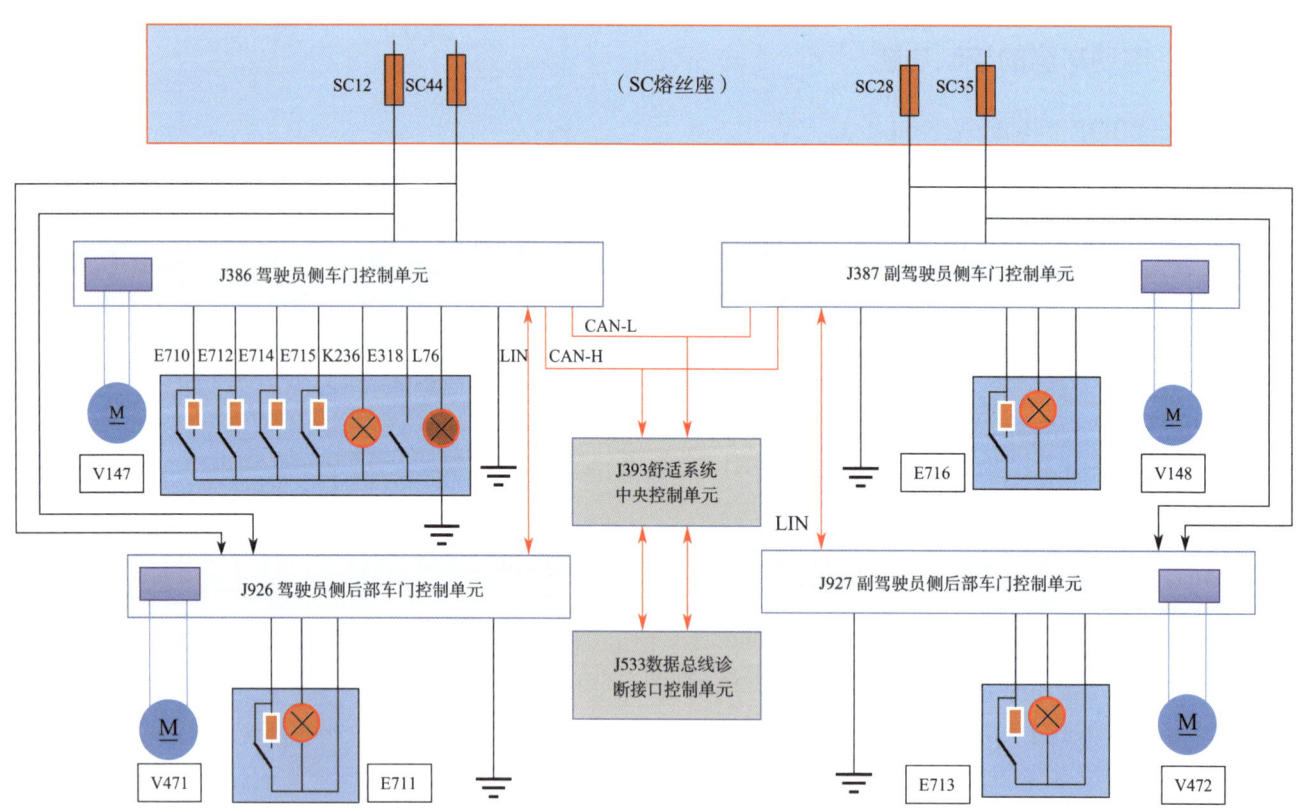

图 11-8　大众迈腾 B7L 电动车窗控制原理

E710—左前车窗开关；E711、E712—左后车窗开关；E713、E714—右后车窗开关；
E715、E716—右前车窗开关；K236—安全锁止指示灯；E318—安全锁止开关；
L76—电动车窗按钮照明灯；V147—左前车窗驱动电动机；V148—右前车窗驱动电动机；
V471—左后车窗驱动电动机；V472—右后车窗驱动电动机

（五）电动车窗无法升降故障诊断流程及故障诊断树

1. 电动车窗无法升降故障诊断流程

（1）将车辆安全停放在维修工位，铺设三件套，拉起驻车制动器并将自动变速器置于空挡。

（2）打开点火开关，操纵驾驶员侧车窗控制开关，检查是全部车窗不能升降，还是个别车窗不能升降。

（3）检查蓄电池电压是否正常。

（4）操纵驾驶员侧各车窗开关，检查车窗驱动电动机是否运转正常。如果运转正常，则拆卸各车门装饰板，检查车窗玻璃升降器和机械传动装置是否有故障。

（5）如果车窗驱动电动机不工作，则检查熔丝 SC12、SC44、SC28、SC35 是否损坏，并更换故障熔丝。

（6）如果熔丝 SC12、SC44、SC28、SC35 正常，则连接诊断仪，进行故障诊断。如果无法进入自诊断系统，则检查诊断插座 U31 的熔丝 SC1、SC13 是否损坏，U31 的电源、搭铁是否正常；检查网关 J533 的熔丝 SB15、SC7 是否损坏，电源、搭铁是否正常；检查控制单元 J386、J387 的 CAN 数据总线是否正常。

（7）读取车门控制单元故障码。如有故障码，则按照故障码提示进行故障检查，排除故障。

（8）如无故障码，则操纵各车窗开关，读取车门控制单元数据流，检查各车窗开关信号是否正常。

（9）如果无车窗开关信号，则按维修手册中的操作步骤拆卸车门装饰板，检查开关端子和控制单元 J386 端子之间的连接导线是否正常。若线路有故障，则进行线路维修。

（10）如果线路良好，则检查控制单元 J386 端子和控制单元 J533 端子之间的 CAN 数据总线是否有故障。若 CAN 数据总线良好，则车窗开关损坏，须更换。

（11）如果车窗开关信号正常，则检查控制单元 J386 T20g/18 号、T20g/20 号端子电压是否正常，T20g/19 号、T32a/21 号端子搭铁是否正常。如正常，则控制单元 J386 损坏，须更换。

2. 电动车窗无法升降故障诊断树

电动车窗无法升降故障诊断树如图11-9所示。

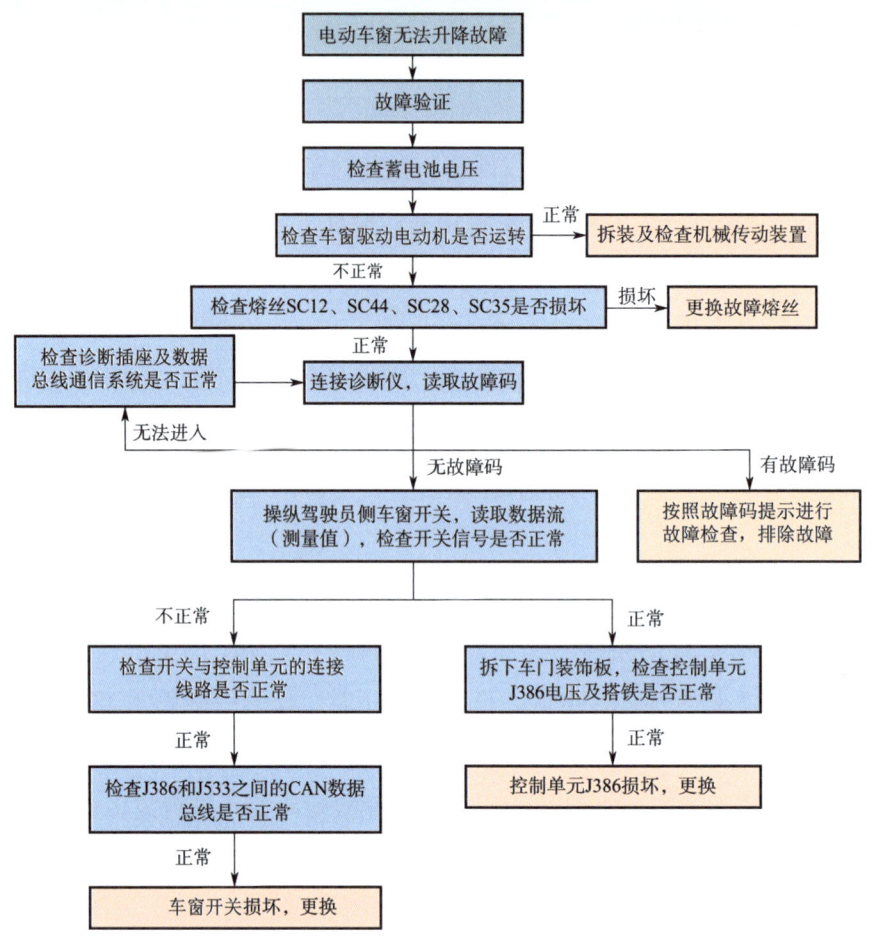

图 11-9　电动车窗无法升降故障诊断树

二、任务准备

勾选出完成本任务所需要的物品。

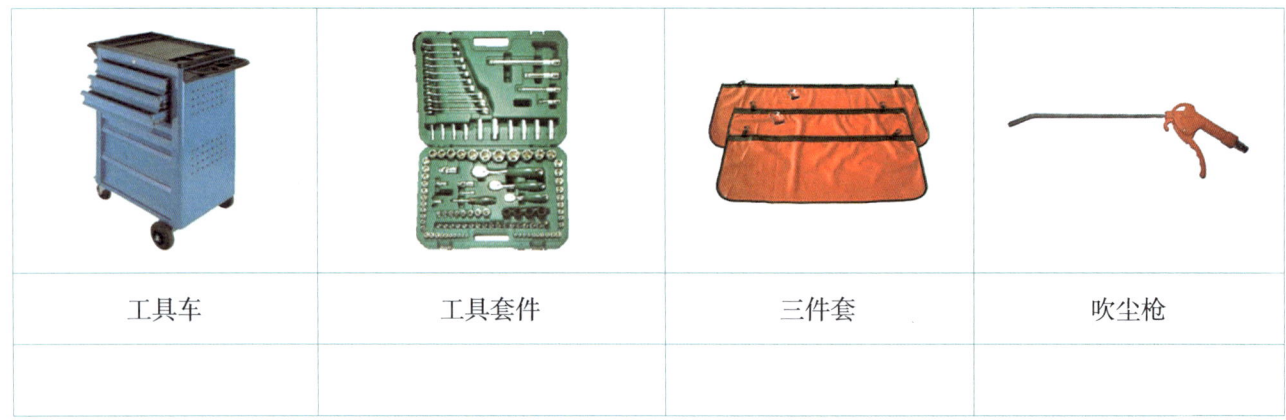

工具车	工具套件	三件套	吹尘枪

诊断仪	旋具套装	数字万用表	二极管试灯
听诊器	抹布	燃油压力表	气缸压力表
示波器	剥线钳	汽车内饰拆装工具	防水胶布
举升机	实训车辆	维修手册	多楔传动带

三、防护措施

（1）进入车间应穿工鞋，戴工帽；工作服应穿戴整洁，无皮肤裸露；操作时不可佩戴手表等金属首饰，以防划车辆表面。

（2）举升车辆时，应严格按照举升机操作规范进行操作，并通知其他人员远离举升机。

（3）更换油液或配件时，应做好油液和配件的回收清理工作，以免对工作环境造成污染。

观察下列操作图片，选出操作正确的图片。

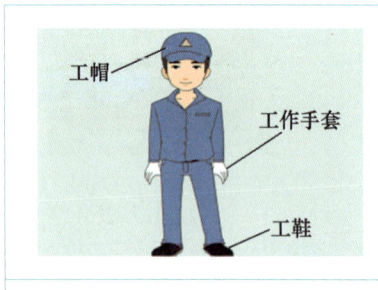	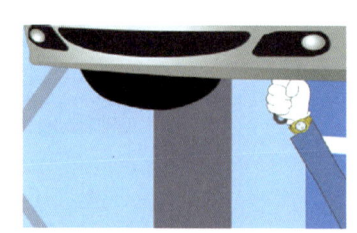	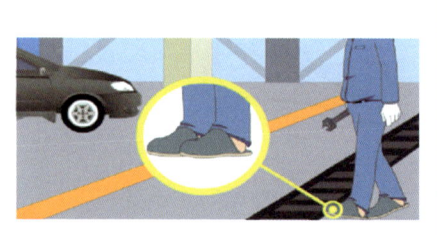

四、任务分配

任务分配见表11-3。

表 11-3   任务分配

职务	成员	姓名	工作内容
组长	技师A		监督、管理组员工作
组员	技师B		准备实训所需车辆及零配件
	技师C		
	技师D		准备实训所需工具及维修手册
	技师E		

五、任务实施

（一）操作流程

为每个操作流程中的工作内容排序并将序号填写在表11-4中。

表 11–4   电动车窗无法升降故障检查与修理操作步骤

检修项目	步骤	工作内容
故障验证及基础检查		将车辆安全停放在维修工位，铺设三件套，拉起驻车制动器并将自动变速器置于空挡
		打开点火开关，操纵驾驶员侧车窗控制开关，检查是全部车窗不能升降，还是个别车窗不能升降
		检查蓄电池电压是否正常
		操纵驾驶员侧各车窗开关，检查车窗驱动电动机是否运转正常。如果运转正常，则拆卸各车门装饰板，检查车窗玻璃升降器和机械传动装置是否有故障
		如果车窗驱动电动机不工作，则检查熔丝 SC12、SC44、SC28、SC35 是否损坏，并更换故障熔丝
电动车窗故障自诊断		读取车门控制单元故障码。如有故障码，则按照故障码提示进行故障检查，排除故障
		如无故障码，则操纵各车窗开关，读取车门控制单元数据流，检查各车窗开关信号是否正常
		如果熔丝 SC12、SC44、SC28、SC35 正常，则连接诊断仪，进行故障诊断。如果无法进入自诊断系统，则检查诊断插座 U31 的熔丝 SC1、SC13 是否损坏，U31 的电源、搭铁是否正常；检查网关 J533 的熔丝 SB15、SC7 是否损坏，电源、搭铁是否正常；检查控制单元 J386、J387 的 CAN 数据总线是否正常
电动车窗控制电路检查		如果线路良好，则检查控制单元 J386 端子和控制单元 J533 端子之间的 CAN 数据总线是否有故障。若 CAN 数据总线良好，则车窗开关损坏，须更换
		如果无车窗开关信号，则按维修手册中的操作步骤拆卸车门装饰板，检查开关端子和控制单元 J386 端子之间的连接导线是否正常。若线路有故障，则须进行线路维修
		如果车窗开关信号正常，则检查控制单元 J386 T20g/18 号、T20g/20 号端子电压是否正常，T20g/19 号、T32a/21 号端子搭铁是否正常。如正常，则控制单元 J386 损坏，须更换

（二）实施记录

结合实施过程，对照表 11-5 所列项目进行检查，并记录实际的检查结果。

表 11-5　　　　　　　　　　　　电动车窗无法升降故障检查与修理实施记录

序号	检查项目	故障检查	故障记录
1	故障验证及基础检查	安全防护工作　　□　蓄电池电压：＿＿＿V 全部车窗不能升降　　□　个别车窗不能升降　□ 驱动电动机正常，玻璃不能升降　□　车窗升降有异响　□ 驱动电动机不工作　□　车窗玻璃升降器损坏　□　机械传动机构故障　□ 车窗控制电路熔丝正常　　□　车窗控制电路熔丝损坏　□ 损坏的熔丝：SC12　□　SC44　□　SC28　□　SC35　□	
2	电动车窗故障自诊断	连接诊断仪检查　□　不能进入自诊断系统□　可以进入自诊断系统　□ 诊断插座U31检查□　相关熔丝检查　□　网关J533检查　□ 舒适系统控制单元J393电源、搭铁、熔丝检查　□ 网关控制单元J533电源、搭铁、熔丝检查　□ 诊断插座U31与网关J533之间的CAN数据总线连接检查　□ 电动车窗CAN数据总线波形正常□　电动车窗CAN数据总线波形异常□ 读取故障码：　有故障码□　　无故障码□ 读取各车窗开关数据流：有车窗开关信号□　　无车窗开关信号□ 故障码记录：＿＿＿＿＿＿＿＿＿＿＿＿＿＿＿＿＿＿＿＿＿＿＿＿＿＿	
3	电动车窗控制电路检查	控制单元J386检查：工作电源正常　□　工作电源不正常　□ 　　　　　　　　　搭铁良好　　□　搭铁故障　　□ 控制单元J386与车窗开关之间的线路检查：线路良好　□　线路故障□ 控制单元J386与J393之间的CAN数据总线检查：线路良好　□　线路故障□ 左前车窗开关检查：正常□　故障□ 左后车窗开关检查：正常□　故障□ 右前车窗开关检查：正常□　故障□ 右后车窗开关检查：正常□　故障□	

根据任务操作流程和故障排除过程，总结电动车窗无法升降故障排除思路，并写在下面。

_____

_____

_____

六、检查

（一）自检

结合本组任务操作流程，对任务执行过程中的操作规范性进行检查，检查是否存在以下问题，分

析、讨论应如何避免并总结规范的操作方法（表11-6）。

表 11-6　　　　　　　　　　　　　　　　　自检

检查项目	检查结果
车辆停放位置是否合适，是否将变速器置于空挡并拉紧驻车制动器	
是否使用三件套对车辆进行防护	
是否按操作规范使用举升机，是否注意人身安全	
故障自诊断步骤是否正确	
电动车窗开关信号是否正常	
车窗无法升降故障是否排除	
工作场地是否清洁，车辆是否复位	

（二）互检

小组成员之间进行任务操作过程及结果检查（表11-7）。

表 11-7　　　　　　　　　　　　　　　　　互检

检查项目	检查结果
车辆停放位置是否合适，是否将变速器置于空挡并拉紧驻车制动器	
是否使用三件套对车辆进行防护	
是否按操作规范使用举升机，是否注意人身安全	
故障自诊断步骤是否正确	
电动车窗开关信号是否正常	
车窗无法升降故障是否排除	
工作场地是否清洁，车辆是否复位	

七、课堂小结

实操视频

任务十二 电动车窗故障检查与修理（二）

电动车窗故障检查与修理（二）任务工单——电动车窗控制电路检查			
客户信息	姓名		电话
车辆信息	车型	VIN	行驶里程

故障检修

故障验证 □	机油液面检查 □	冷却液液面检查 □	故障自诊断 □
读取与清除故障码□	车窗玻璃检查 □	玻璃水液面检查 □	读取数据流 □
基本设定 □	舒适CAN数据总线波形检测□	LIN数据总线波形检测 □	控制单元检查□
电动车窗熔丝检查□	控制电路检查 □	车窗玻璃升降器检查 □	

客户描述：

_____

_____

车辆外观检查		车辆内部检查	
凹凸 □		污渍 □	
划痕 □		破损 □	
石击 □		色斑 □	
油漆 □		变形 □	

明确具体工作任务

_____

_____

_____

- 能够对电动车窗故障进行故障分析
- 能够根据故障诊断树进行故障检测、维修及排除
- 能够正确使用检测设备和仪器进行故障检测
- 能够完成故障部件的检查、更换和维修
- 能够正确填写维修工单，进行质量检查

- LIN 数据总线系统的组成及应用
- LIN 数据总线系统的数据传递与波形分析
- 电动车窗故障诊断及排除思路

- LIN 数据总线系统的数据传递与波形分析
- 电动车窗无法升降故障检修

- 电动车窗故障的排除

一、知识讲解

（一）LIN 数据总线的定义

LIN 是 Local Interconnect Network 的缩写，即内联局域网，又称本地互联网络。

LIN 数据总线是一种辅助的总线网络，是将开关、控制单元、传感器及执行器等连接起来的廉价、单线、串行通信网络协议。与使用 CAN 数据总线相比，使用 LIN 数据总线可大大节省成本。

汽车中的内联局域网有主控制单元和子控制单元之分，总成内单元之间（主控制单元与子控制单元之间、子控制单元之间）都由 LIN 数据总线相连，并由主控制单元通过 CAN 数据总线与外界相连。LIN 数据总线是 CAN 数据总线的子网，它只有一根数据线，其横截面积为 0.35 mm²，且没有屏蔽措施。

（二）LIN 数据总线的组成及应用

LIN 数据总线应用于分布式车身控制电子系统，如车门模块、车顶模块、座椅模块、综合仪表板模块、车灯模块、空调、湿度传感器、交流发电机及刮水器传感器等。

图 12-1 所示为奥迪 A6L 轿车 LIN 数据总线内部组成。它有两个主控制单元，一个用于空调，另一个用于车顶模块。风窗玻璃加热器、新鲜空气鼓风机和两个辅助加热器是空调中的子控制单元，太阳能车顶电动机是车顶模块中的子控制单元。

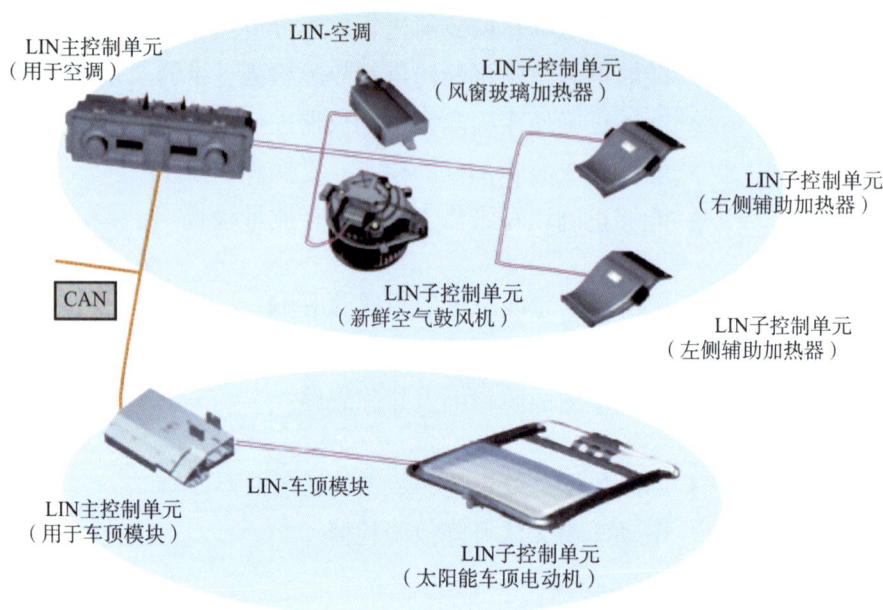

图 12-1 奥迪 A6L 轿车 LIN 数据总线内部组成

LIN 主控制单元连接在 CAN 数据总线上，它是 LIN 数据总线系统中唯一与 CAN 数据总线相连的控制单元，执行 LIN 数据总线的主功能。每个 LIN 数据总线最多可以连接 16 个子控制单元。

图 12-2 所示为奥迪 A6L 轿车 CAN 数据总线、LIN 主控制单元与子控制单元的连接。LIN 子控制单元在 LIN 数据总线系统内，子控制单元主要是接收或传送与主控制单元查询或指定有关的数据，单个控制单元（如新鲜空气鼓风机）、传感器（如水平传感器）、执行元件（如防盗警报蜂鸣器）都可视为 LIN 子控制单元，如图 12-3 所示。

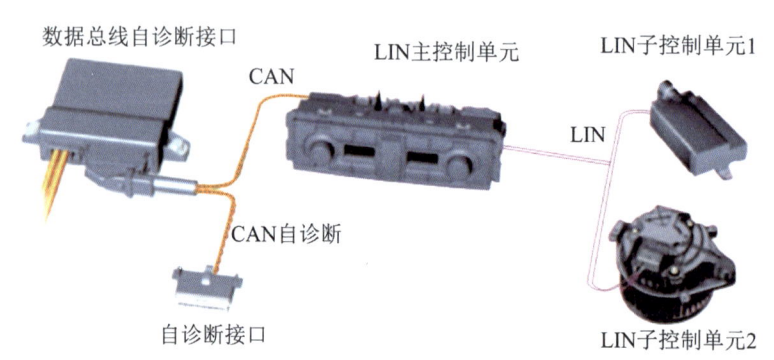
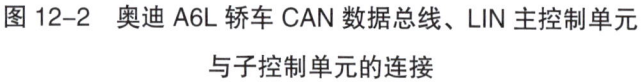

图 12-2　奥迪 A6L 轿车 CAN 数据总线、LIN 主控制单元
与子控制单元的连接

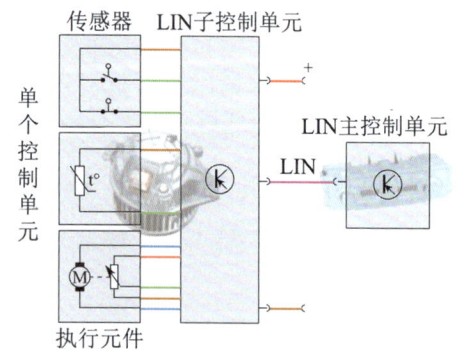

图 12-3　LIN 数据总线系统内的子控制单元

传感器内集成一个电子装置，该装置对测量值进行分析，并将其转换为数字信号，再通过 LIN 数据总线将该数字信号传递出去。有些传感器和执行元件只使用 LIN 控制单元插口上的一个端子。

LIN 执行元件都是智能型的电子或机电部件，它们通过 LIN 控制单元的 LIN 数字信号接收任务。LIN 控制单元通过集成的传感器来获知执行元件的实际状态，然后进行规定状态与实际状态的对比。

（三）LIN 数据总线系统的数据传递与波形分析

LIN 数据总线的数据传递速率为 1～20 kbit/s，一般在 LIN 控制单元的软件内已设定完成。该速率最大能达到舒适 CAN 数据总线数据传递速率的 1／5。LIN 数据总线系统的数据传递如图 12-4 所示。

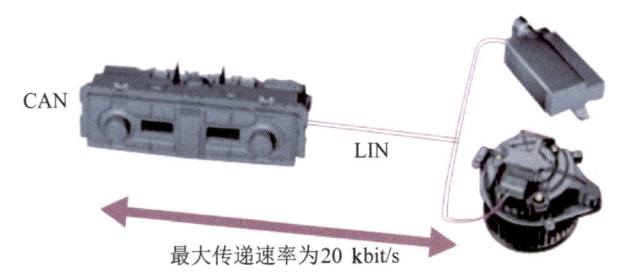

CAN

LIN

最大传递速率为20 kbit/s

图 12-4　LIN 数据总线系统的数据传递

LIN 数据总线信号波形如图 12-5 所示。如果无信息发送至 LIN 数据总线，或发送至 LIN 数据总线上的是一个隐性位，那么数据总线导线的电压就是蓄电池电压（12 V），此时的电平称为隐性电平；为了将显性位发送至 LIN 数据总线，将发送控制单元内的收发器数据总线导线接地，使电压接近于 0 V，此时的电平称为显性电平。

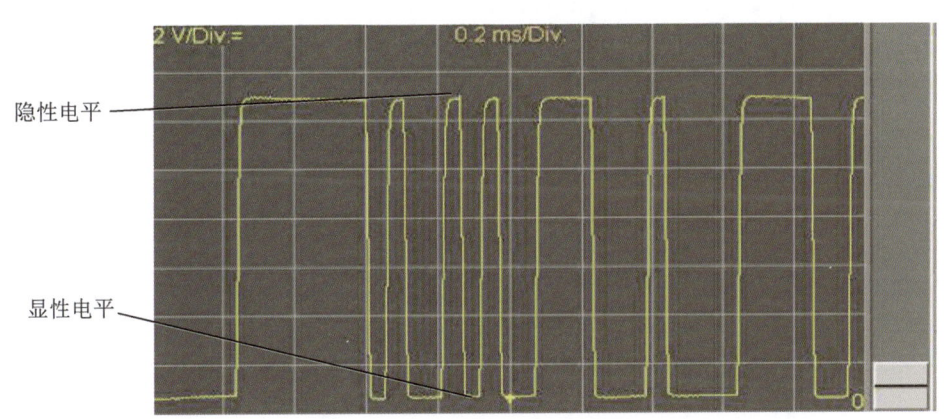

隐性电平

显性电平

图 12-5　LIN 数据总线信号波形

注意：只有当 LIN 主控制单元发出控制信号后，子控制单元才会响应。对于子控制单元的数据请求信息，LIN 主控制单元会提供响应。根据识别码的情况，相应的 LIN 子控制单元会使用相关数据来执行各种任务，如图 12-6 所示。

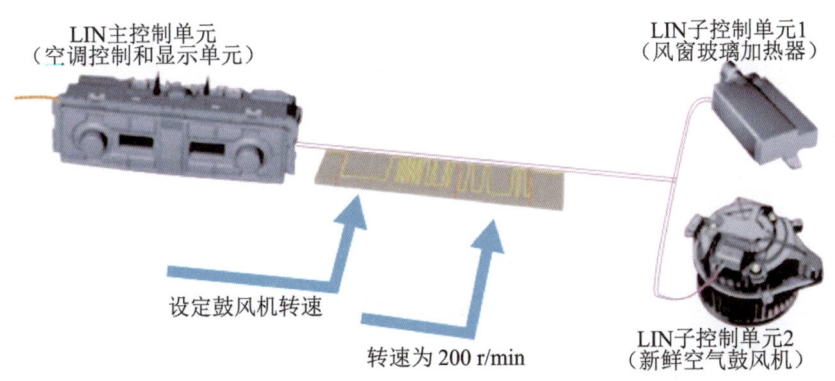

LIN主控制单元
（空调控制和显示单元）

LIN子控制单元1
（风窗玻璃加热器）

设定鼓风机转速

转速为 200 r/min

LIN子控制单元2
（新鲜空气鼓风机）

图 12-6　LIN 子控制单元使用相关数据执行各种任务

汽车综合故障检查与修理

（四）大众迈腾 B7L 右后车窗控制电路

大众迈腾 B7L 右后车窗控制电路如图12-7所示。

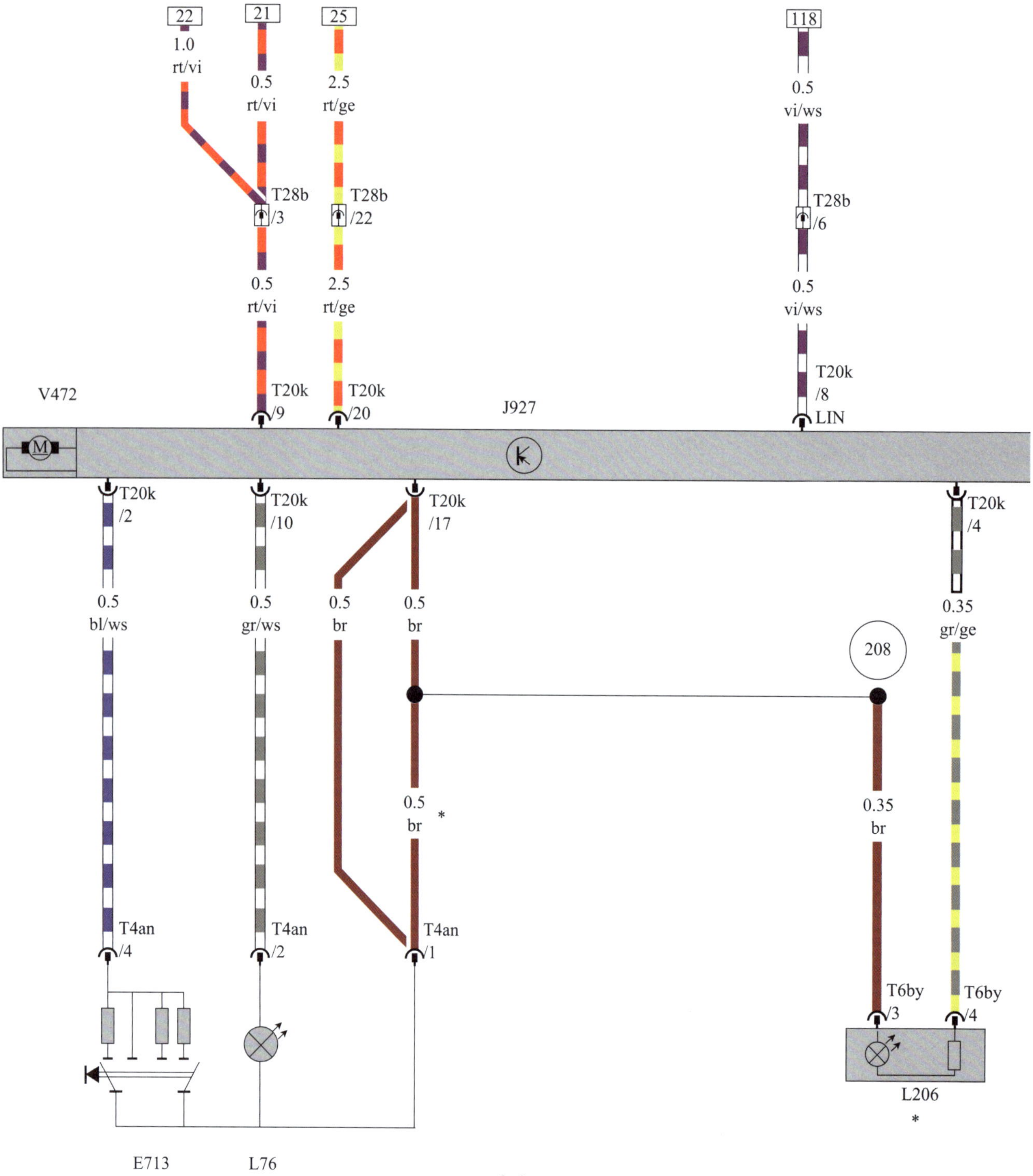

图 12-7　大众迈腾 B7L 右后车窗控制电路

128

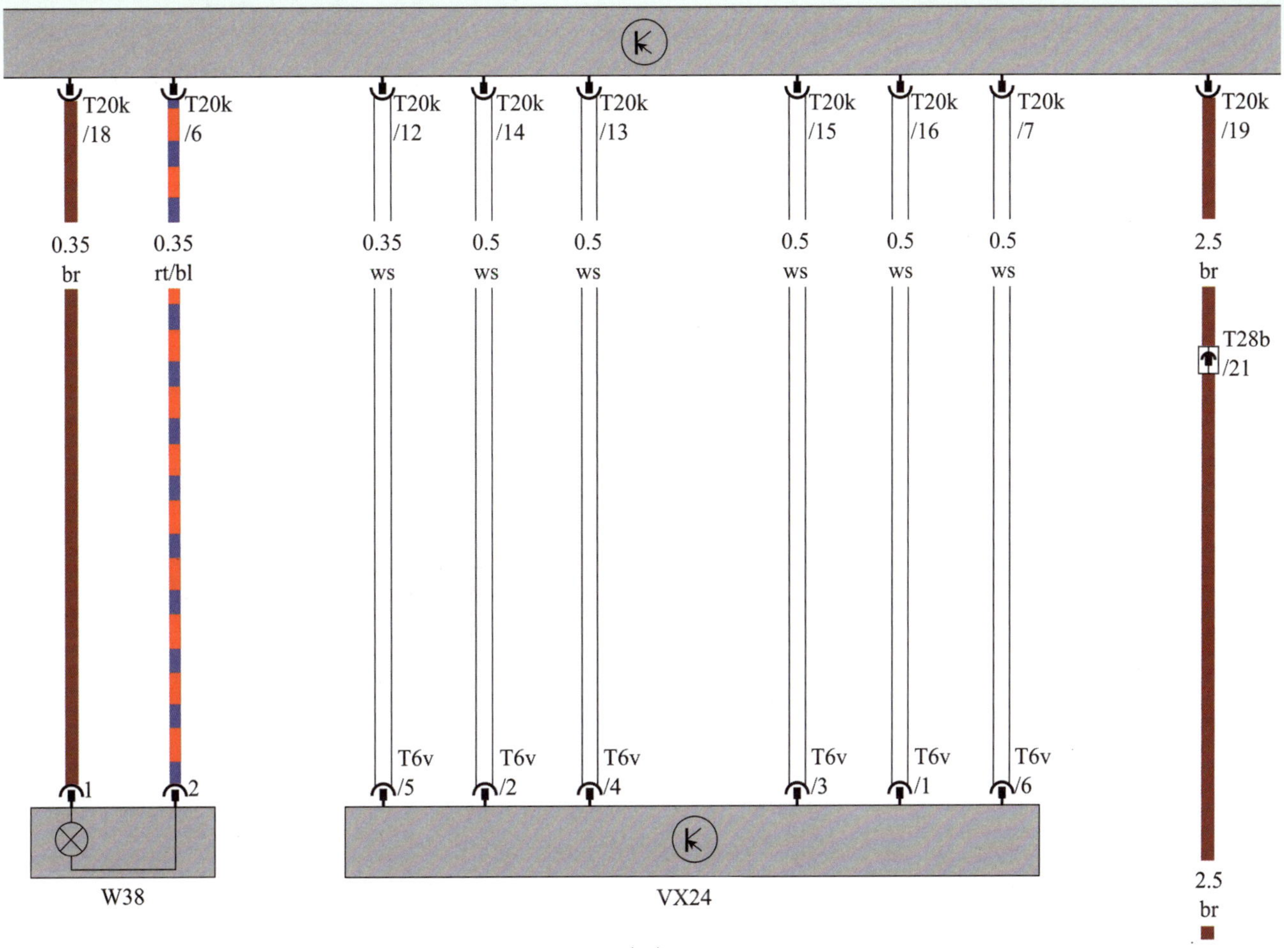

（b）

续图 12-7　大众迈腾 B7L 右后车窗控制电路

E713—副驾驶员侧右后车窗开关；J927—副驾驶员侧右后车门控制单元；L76—右后车窗按钮照明灯；

L206—右后车门背景照明灯；T4an—4 芯插头连接；T6by、T6v—6 芯插头连接；T20k—20 芯插头连接；

T28b—28 芯插头连接，右侧 B 柱上；V472—副驾驶员侧右后车窗电动机；

⑳⑧—右后车门电缆导线接地；VX24—右后车门关闭单元；W38—右后车门警告灯

（五）右后车窗偶发自动升降故障诊断流程

（1）将车辆安全停放在维修工位，铺设三件套，拉起驻车制动器并将自动变速器置于空挡。

（2）打开点火开关，操作驾驶员侧右后车窗开关和副驾驶员侧右后车窗开关，检查车窗是否正常升降。

（3）检查蓄电池电压是否正常。

（4）如果右后车窗驱动电动机不工作，则检查熔丝 SC28、SC35 是否损坏，并更换故障熔丝。

（5）如果熔丝 SC28、SC35 正常，则连接诊断仪，进行故障诊断。如果无法进入自诊断系统，则检查诊断插座 U31 的熔丝 SC1、SC13 是否损坏，U31 的电源、搭铁是否正常；检查网关 J533 的熔丝

SB15、SC7 是否损坏，电源、搭铁是否正常；检查控制单元 J387 的 CAN 数据总线是否正常。

（6）读取车门控制单元故障码。如有故障码，则按照故障码提示进行故障检查，排除故障。

（7）如无故障码，则操作副驾驶员侧右后车窗开关 E713，读取数据流，检查右后车窗开关信号是否正常。

二、任务准备

选出完成本任务所需的工具、设备、资料等。

 工具车	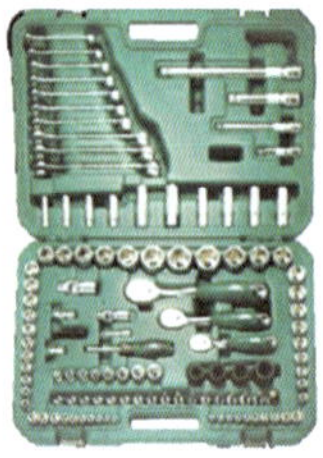 工具套件	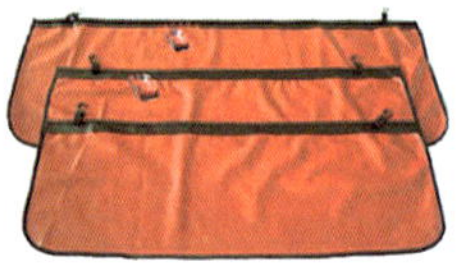 三件套	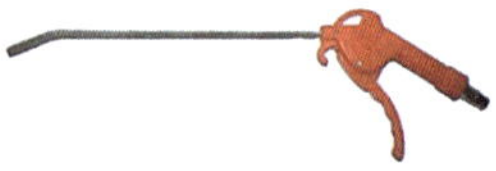 吹尘枪
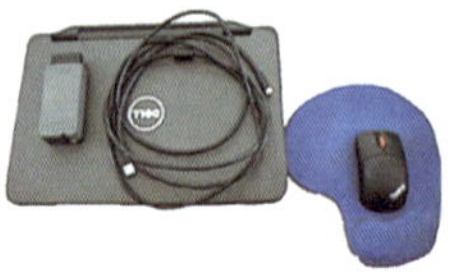 诊断仪	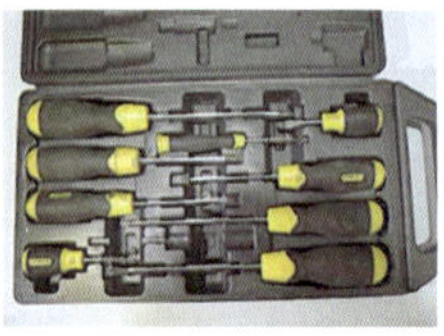 旋具套装	 数字万用表	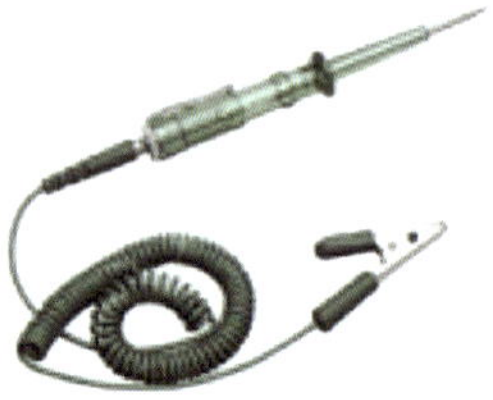 二极管试灯
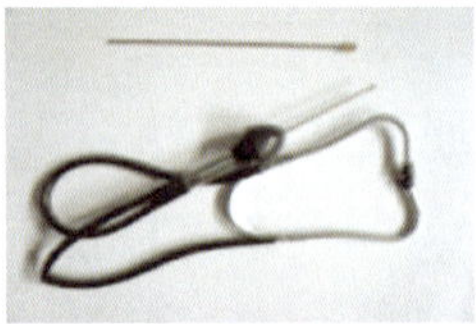 听诊器	 抹布	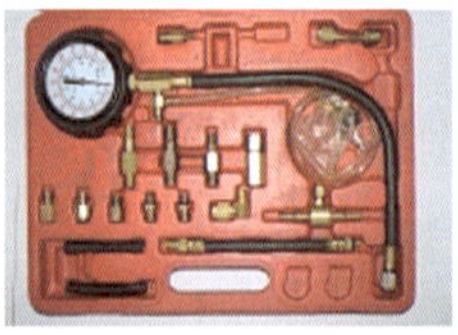 燃油压力表	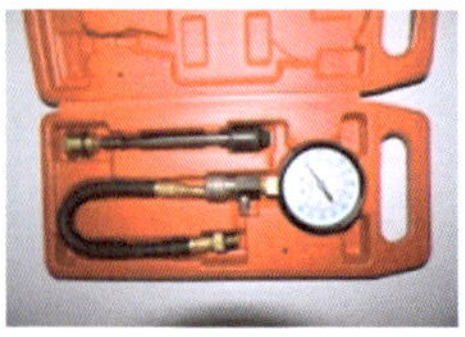 气缸压力表

示波器	剥线钳	汽车内饰拆装工具	防水胶布
举升机	实训车辆	维修手册	多楔传动带

三、防护措施

（1）进入车间应穿工鞋，戴工帽；工作服应穿戴整洁，无皮肤裸露；操作时不可佩戴手表等金属首饰，以防划车辆表面。

（2）举升车辆时，应严格按照举升机操作规范进行操作，并通知其他人员远离举升机。

（3）更换油液或配件时，应做好油液和配件的回收清理工作，以免对工作环境造成污染。

观察下列操作图片，选出操作正确的图片。

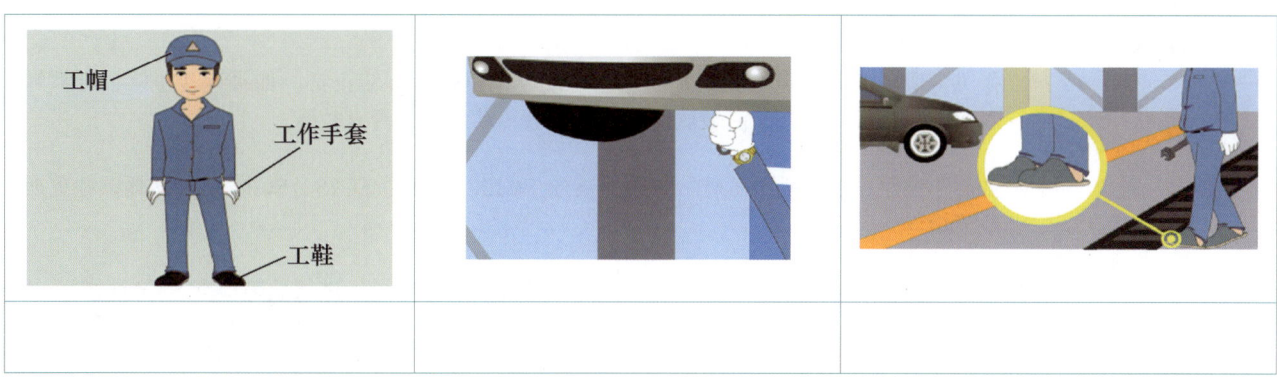

四、任务分配

任务分配见表12-1。

表 12-1   任务分配

职务	成员	姓名	工作内容
组长	技师A		监督、管理组员工作
组员	技师B		准备实训所需车辆及零配件
	技师C		
	技师D		准备实训所需工具及维修手册
	技师E		

五、任务实施

（一）操作流程

为每个操作流程中的工作内容排序并将序号填写在表12-2中。

表 12-2   电动车窗无法升降故障检查与修理操作步骤

检修项目	步骤	工作内容
故障验证及基础检查		将车辆安全停放在维修工位，铺设三件套，拉起驻车制动器并将自动变速器置于空挡
		打开点火开关，操纵驾驶员侧车窗控制开关，检查是全部车窗不能升降，还是个别车窗不能升降
		检查蓄电池电压是否正常
		操纵驾驶员侧各车窗开关，检查车窗驱动电动机是否运转正常。如果运转正常，则拆卸各车门装饰板，检查车窗玻璃升降器和机械传动装置是否有故障
		如果车窗驱动电动机不工作，则检查熔丝 SC12、SC44、SC28、SC35 是否损坏，并更换故障熔丝
电动车窗故障自诊断		读取车门控制单元故障码。如有故障码，则按照故障码提示进行故障检查，排除故障
		如无故障码，则操纵各车窗开关，读取车门控制单元数据流，检查各车窗开关信号是否正常

续表

检修项目	步骤	工作内容
电动车窗故障自诊断		如果熔丝SC12、SC44、SC28、SC35正常，则连接诊断仪，进行故障诊断。如果无法进入自诊断系统，则检查诊断插座 U31 的熔丝 SC1、SC13 是否损坏，U31 的电源、搭铁是否正常；检查网关 J533 的熔丝 SB15、SC7 是否损坏，电源、搭铁是否正常；检查控制单元 J386、J387 的 CAN 数据总线是否正常
电动车窗控制电路检查		如果线路良好，则检查控制单元 J386 端子和控制单元 J533 端子之间的 CAN 数据总线是否有故障。若 CAN 数据总线良好，则车窗开关损坏，须更换
		如果无车窗开关信号，则按维修手册中的操作步骤拆卸车门装饰板，检查开关端子和控制单元J386 端子之间的连接导线是否正常。若线路有故障，则须进行线路维修
		如果车窗开关信号正常，则检查控制单元 J386 T20g/18 号、T20g/20 号端子电压是否正常，T20g/19 号、T32a/21 号端子搭铁是否正常。如正常，则控制单元 J386 损坏，须更换

（二）实施记录

结合实施过程，对照表 12-3 所列项目进行检查，并记录实际的检查结果。

表 12-3　　　　　　　　　　　　电动车窗无法升降故障检查与修理实施记录

序号	检查项目	故障检查	故障记录
1	故障验证及基础检查	安全防护工作 □　蓄电池电压：_____V 全部车窗不能升降 □　个别车窗不能升降 □ 驱动电动机正常，玻璃不能升降 □　车窗升降有异响 □ 驱动电动机不工作 □　车窗玻璃升降器损坏 □　机械传动机构故障 □ 车窗控制电路熔丝正常 □　车窗控制电路熔丝损坏 □ 损坏的熔丝：SC12 □　SC44 □　SC28 □　SC35 □	
2	电动车窗故障自诊断	连接诊断仪检查 □　不能进入自诊断系统 □　可以进入自诊断系统 □ 诊断插座U31检查 □　相关熔丝检查 □　网关J533检查 □ 舒适系统控制单元J393电源、搭铁、熔丝检查 □ 网关控制单元J533电源、搭铁、熔丝检查 □ 诊断插座U31与网关J533之间的CAN数据总线连接检查 □ 电动车窗CAN数据总线波形正常 □　电动车窗CAN数据总线波形异常 □ 读取故障码：　有故障码 □　无故障码 □ 读取各车窗开关数据流：有车窗开关信号 □　无车窗开关信号 □ 故障码记录：_____ _____	

续表

序号	检查项目	故障检查	故障记录
3	电动车窗控制电路检查	控制单元J386检查：工作电源正常 □ 工作电源不正常□ 　　　　　　搭铁良好　　 □ 搭铁故障　　　　□ 控制单元J386与车窗开关之间的线路检查：线路良好　　□　线路故障□ 控制单元J386与J393之间的CAN数据总线检查：线路良好 □　线路故障□ 左前车窗开关检查：正常□ 故障□ 左后车窗开关检查：正常□ 故障□ 右前车窗开关检查：正常□ 故障□ 右后车窗开关检查：正常□ 故障□	

根据任务操作流程和故障排除过程，总结电动车窗无法升降故障排除思路，并写在下面。

_____

_____

_____

_____

_____

_____

六、检查

（一）自检

结合本组任务操作流程，对任务执行过程中的操作规范性进行检查，检查是否存在以下问题，分析、讨论应如何避免并总结规范的操作方法（表12-4）

表 12-4　　　　　　　　　　　　　　自检

检查项目	检查结果
车辆停放位置是否合适，是否将变速器置于空挡并拉紧驻车制动器	
是否使用三件套对车辆进行防护	
是否按操作规范使用举升机，是否注意人身安全	
故障自诊断步骤是否正确	
电动车窗开关信号是否正常	
车窗无法升降故障是否排除	
工作场地是否清洁，车辆是否复位	

（二）互检

小组成员之间进行任务操作过程及结果检查（表12-5）。

表 12-5　　　　　　　　　　　　　　　　　　互检

检查项目	检查结果
车辆停放位置是否合适，是否将变速器置于空挡并拉紧驻车制动器	
是否使用三件套对车辆进行防护	
是否按操作规范使用举升机，是否注意人身安全	
故障自诊断步骤是否正确	
电动车窗开关信号是否正常	
车窗无法升降故障是否排除	
工作场地是否清洁，车辆是否复位	

七、课堂小结

实操视频

空调系统故障检查与修理（一）任务工单——有故障码的检查			
客户信息	姓名		电话
车辆信息	车型	VIN	行驶里程

故障检修	空调系统不制冷或制冷效果差 □　　双区温度调节失灵 □　　客户描述： 出风口风量太小 □　　空调出风模式异常 □　　温度调节失效 □　　其他问题 □

车辆外观检查		车辆内部检查	
凹凸 □		污渍 □	
划痕 □		破损 □	
石击 □		色斑 □	
油漆 □		变形 □	

明确具体 工作任务	

- 能够与客户进行沟通并验证故障现象
- 能够根据故障现象分析可能的故障原因，并制订相关检查计划
- 能够依照检查计划对车辆进行检查，并根据检查结果明确故障点
- 能够对故障点进行修复或给出修复建议
- 能够正确填写维修工单，进行质量检查

- 空调系统组成与控制原理
- 空调系统故障诊断流程

- 空调系统故障诊断流程

- 空调系统故障诊断流程

一、知识讲解

（一）空调系统组成与控制原理

对于带车载电网控制系统的车辆来说，无论是手动空调控制系统还是自动空调控制系统，都采用空调控制单元与各电气元件来实现对整个系统的控制。不同的是，自动空调控制系统需要更复杂的控制程序，采集更多的传感器信息以实现对系统的精确控制，从而满足驾乘人员的舒适度要求。

1. 手动空调的控制方法

带控制单元的手动空调系统与机械式手动空调系统的控制方法类似，其鼓风机的转速依然采用鼓风机开关和鼓风机电阻进行控制，而温度调节、室内外空气循环和出风口分配，则通过空调控制单元分别对相应的伺服电动机进行控制。另外，控制单元还会根据制冷系统压力和蒸发器温度传感器，对制冷系统的压缩机调节电磁阀进行控制，通过调节压缩机的排量来控制制冷系统的工作，并且结构中取消了电磁离合器。

2. 自动空调的控制方法

（1）自动空调制冷系统的控制

自动空调制冷系统根据制冷系统的压力与蒸发器温度对空调压缩机上的调节电磁阀进行控制，调节压缩机的输出排量为2%～98%。由于压缩机2%的输出排量接近空载，因此压缩机结构中取消了电磁离合器。当关闭空调制冷系统时，压缩机调节电磁阀使压缩机保持最小2%的输出排量。

（2）自动空调通风系统的控制

自动空调通风系统采用的是带控制模块的鼓风机。为了提高驾乘人员的舒适度，在通风系统上加装了鼓风机进口温度传感器和脚部出风口温度传感器等；在空调控制面板上还安装了室内温度传感器。当空调控制单元收到驾乘人员设置的温度信号后，根据室内、外温度和蒸发器温度及通风系统上

各个进、出风口的温度传感器对鼓风机的转速进行调节。自动空调通风系统构造如图13-1所示。

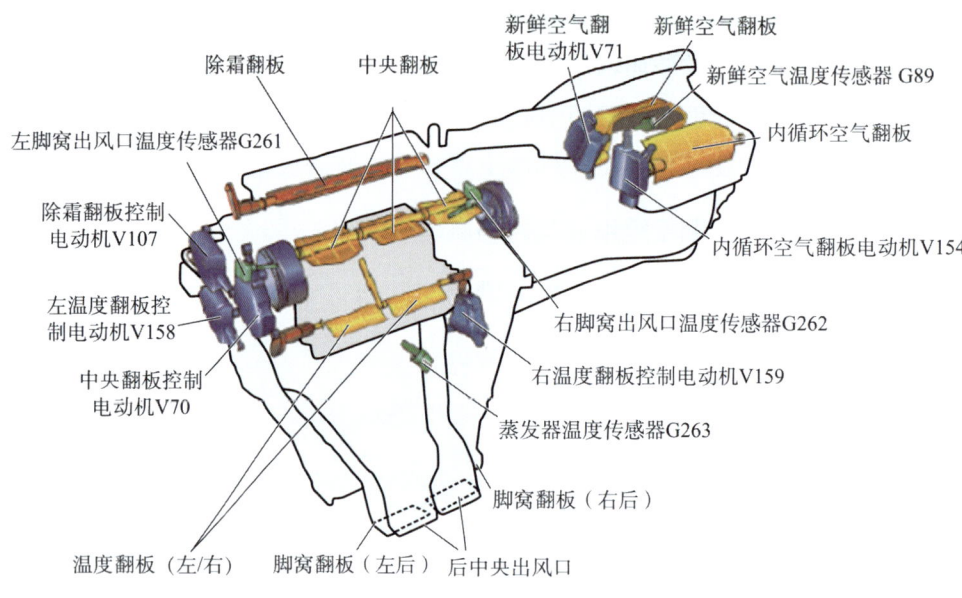

图 13-1　自动空调通风系统构造

（二）空调系统故障诊断流程

（1）验证故障现象，并使用诊断仪查询空调控制单元内有无相关故障码。

（2）若查询到故障码，则根据故障码内容对相关电气元件进行检修。

（3）若系统中无任何故障码，则通过压力检测或执行元件测试，检查有无机械损坏或卡滞故障。

二、任务准备

勾选出完成本任务所需要的物品。

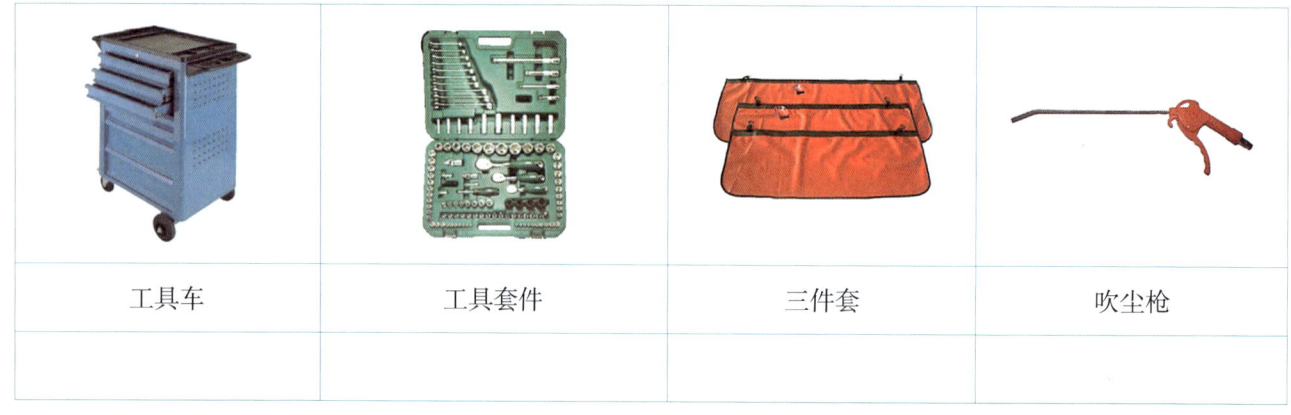

工具车	工具套件	三件套	吹尘枪

诊断仪	旋具套装	数字万用表	二极管试灯
温度计	抹布	歧管压力表	示波器
举升机	实训车辆	维修手册	电路图

三、防护措施

（1）进入车间应穿工鞋，戴工帽；工作服应整洁，无破损；操作时不可戴手表等金属饰品，以防划伤车辆表面。

（2）举升车辆时，应严格按照举升机操作规范进行操作，并通知其他人员远离举升机。

（3）在对制冷系统进行拆装操作前，应确保系统中的制冷剂被完全回收；加注制冷剂时，应严格按照要求补加相应量的冷冻机油。

观察下列操作图片，选出操作正确的图片。

		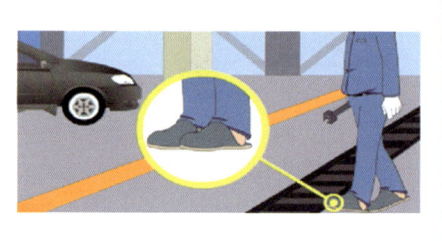

四、任务分配

任务分配见表13-1。

表 13-1　　　　　　　　　　　　　　　　任务分配

职务	成员	姓名	工作内容
组长	技师 A		监督、管理组员工作
组员	技师 B		准备实训所需车辆及配件
	技师 C		
	技师 D		准备实训所需工具及维修手册
	技师 E		

五、任务实施

（一）操作流程

为每个操作流程中的工作内容排序并将序号填写在表13-2中。

表 13-2　　　　　　　　　　　　空调系统故障检查与修理操作步骤

操作流程	步骤	工作内容
故障验证及基础检查		启动车辆并按下空调最大制冷开关MAX A/C按钮，使用出风口温度计检测面部出风口温度
		分别检查空调通风系统除霜及面部、脚部出风口出风是否正常
		操作控制面板上的各按钮（或旋钮），检查空调鼓风机转速调节、温度调节、左右分区温度调节、座椅加热等功能是否正常
		连接诊断仪，检查空调控制单元有无故障码

续表

操作流程		步骤	工作内容
有故障码检查	高压传感器断路/对地短路		拔下高压传感器插接器，检查插接器端子有无松旷、烧蚀、弯折、折断现象
			拔下高压传感器熔丝，检查熔丝是否熔断，熔丝插脚有无松旷、烧蚀现象
			检查高压传感器插接器1号端子与搭铁之间线路是否断路
			关闭点火开关，拆下空调控制面板并拔下后部的20针插接器，检查控制单元端子有无弯折或折断现象；检查高压传感器2号端子与空调控制单元T20c/2号端子之间是否断路
	温度传感器断路/对地短路		查阅维修手册，找到相关温度传感器安装位置并按照手册所述方法拆下温度传感器
			拆下空调控制单元并拔下其后部插接器，检查控制单元后部端子有无弯折或折断现象；使用数字万用表检查温度传感器两个端子与空调控制单元相关端子之间导线是否断路
			检查温度传感器插接器端子有无松旷、烧蚀现象；检查传感器端子有无弯折或折断现象
			检测温度传感器两个端子之间的电阻，检查温度传感器内部是否短路
	空调压缩机激活断路/对地短路		拔下空调压缩机调节阀插接器，检查插接器端子有无松旷、烧蚀、弯折、折断现象
			检查空调压缩机调节阀插接器1号端子与搭铁之间线路是否断路
			打开点火开关，使用数字万用表检查空调压缩机调节阀2号端子有无自检电压。若无自检电压，则检查2号端子与空调控制单元T20c/18号端子之间是否断路，空调控制单元后部端子有无弯折或折断现象
	风门伺服电动机位置传感器断路/对地短路		查阅维修手册，找到相关传感器安装位置并按照手册所述方法拆下带位置传感器的风门伺服电动机
			拔下插接器，检查其端子有无弯折或折断现象
			拆下空调控制单元，检查空调控制单元后部插接器端子有无弯折或折断现象
			查阅电路图，检查带位置传感器的风门伺服电动机端子与空调控制单元相关插接器上的端子之间的线路是否断路

操作流程	步骤	工作内容
有故障码检查	新鲜空气鼓风机电缆前部断路/对地短路	拔下鼓风机熔丝并检查其是否熔断，检查熔丝插脚有无松旷、烧蚀现象
		拔下空调控制单元后部插接器并检查控制单元插接器端子有无松旷、弯折、折断现象
		检查空调控制单元插接器与鼓风机控制单元插接器之间的线路是否断路
		拆下驾驶员脚部空间盖板，拔下鼓风机控制单元插接器，检查端子有无松旷、烧蚀、弯折、折断现象
		将数字万用表黑表笔接地，使用电压挡检测鼓风机控制单元4号端子有无电压；使用电阻挡检查鼓风机控制单元3号端子与搭铁之间的导线是否断路
无故障码检查	前部新鲜空气鼓风机内部故障	拔下鼓风机控制单元上的鼓风机插接器，检查其端子有无弯折或折断现象
		使用数字万用表检测鼓风机的电阻，检查鼓风机电动机是否短路
	高压传感器压力低于下限	操作诊断系统，读取空调控制单元的数据块，静态时空调系统压力应为700 kPa左右
		启动发动机并按下空调最大制冷开关MAX A/C按钮，读取空调系统压力，应不低于1 000 kPa。若系统压力低于1 000 kPa，则空调压缩机机械损坏或调节电磁阀未进入工作状态
		读取空调压缩机负荷及运行状态等相关数据块。若压缩机负荷为4~5 N·m，则压缩机运行状态正常；否则可能是压缩机内部机械损坏
		若通过数据块无法判断压缩机是否有故障，还应连接歧管压力表对制冷系统的高压和低压进行检测并分析故障原因
	数据总线诊断接口无法进入的检查	关闭点火开关，拔下数据总线诊断接口控制单元熔丝，检查熔丝是否熔断，熔丝插脚有无松旷、烧蚀现象
		检查数据总线诊断接口控制单元搭铁端子与车身之间是否断路
		检查数据总线诊断接口控制单元与车辆诊断接口之间的线路是否断路
		拆下驾驶员脚部空间盖板，拔下数据总线诊断接口控制单元插接器，检查其端子有无弯折、折断、松旷现象

续表

操作流程	步骤	工作内容
空调系统线路的检查		拆下中央控制台显示屏和空调控制器的装饰板
		使用旋具拆下带操作面板的空调控制单元，拔下其后部20针插接器，检查其端子有无弯折、折断、松旷现象
		拆下驾驶员脚部空间盖板，拔下数据总线诊断接口控制单元插接器，检查其端子有无弯折、折断、松旷现象
		使用数字万用表电阻挡检查空调控制单元插接器端子与数据总线诊断接口控制单元的端子之间线路是否断路

（二）实施记录

结合实施过程，对照表13-3所列项目进行检查，并记录实际的检查结果。

表 13-3　　　　　　　　　　　　空调系统故障检查与修理实施记录

序号	项目	故障检查	故障记录
1	故障验证及基础检查	安全防护工作 □　空调系统不制冷 □ 鼓风机不运转或转速不能调节 □　温度调节旋钮失灵 □ 出风口模式不能调整 □　左右温区调节失灵 □ 故障现象验证：＿＿＿＿＿＿＿＿＿＿	
2	自诊断及针对故障码的检查	不能进入自诊断系统□　控制单元电源故障□　线路连接故障□ 检测出的故障码：＿＿＿＿＿＿＿＿＿＿＿ 针对故障码的检修过程：＿＿＿＿＿＿＿＿ ＿＿＿＿＿＿＿＿＿＿＿＿＿＿＿＿＿	
3	数据总线诊断接口无法进入的检查	数据总线诊断接口控制单元熔丝熔断□　熔丝插脚锈蚀、松旷 □ 数据总线诊断接口控制单元插接器端子弯折、锈蚀或松旷　□ 数据总线诊断接口控制单元搭铁线路断路　□ 数据总线诊断接口控制单元线路故障　□	
4	空调系统线路的检查	空调控制单元插接器端子弯折、锈蚀或松旷　□ 空调控制单元与数据诊断接口控制单元之间线路故障　□	
5	其他		

根据任务操作流程和故障排除过程，总结空调系统故障排除思路，并写在下面。

＿＿＿＿＿＿＿＿＿＿＿＿＿＿＿＿＿＿＿＿＿＿＿＿＿＿＿＿＿＿＿＿＿＿＿＿＿

＿＿＿＿＿＿＿＿＿＿＿＿＿＿＿＿＿＿＿＿＿＿＿＿＿＿＿＿＿＿＿＿＿＿＿＿＿

＿＿＿＿＿＿＿＿＿＿＿＿＿＿＿＿＿＿＿＿＿＿＿＿＿＿＿＿＿＿＿＿＿＿＿＿＿

六、检查

（一）自检

结合本组任务操作流程，对任务执行过程中的操作规范性进行检查，检查是否存在以下问题，分析、讨论应如何避免并总结规范的操作方法（表13-4）。

表 13-4　　　　　　　　　　　　　　　　自检

检查项目	检查结果			
空调系统故障是否确认	是 ☐		否 ☐	
空调系统故障是否排除	是 ☐		否 ☐	
工具是否整理并归位，现场是否清理干净	是 ☐		否 ☐	

（二）互检

小组成员之间相互进行任务操作过程及结果检查，并把检查结果填写在表13-5中。

表 13-5　　　　　　　　　　　　　　　　互检

检查项目	检查结果			
空调系统故障是否确认	是 ☐		否 ☐	
空调系统故障是否排除	是 ☐		否 ☐	
工具是否整理并归位，现场是否清理干净	是 ☐		否 ☐	

七、课堂小结

实操视频

空调系统故障检查与修理（二）任务工单——无故障码的检查			
客户信息	姓名		电话
车辆信息	车型	VIN	行驶里程

故障检修	空调系统不制冷或制冷效果差 □　　出风口风量太小 □　　温度调节失效 □ 双区温度调节失灵 □　　空调出风模式异常 □　　其他问题 □ 客户描述： _____ _____ _____

车辆外观检查		车辆内部检查	
凹凸 □		污渍 □	
划痕 □		破损 □	
石击 □		色斑 □	
油漆 □		变形 □	

明确具体工作任务	_____ _____ _____

- 能够与客户进行沟通并验证故障现象
- 能够根据故障现象分析可能的故障原因，并制订相关检查计划
- 能够依照检查计划对车辆进行检查，并根据检查结果明确故障点
- 能够对故障点进行修复或给出修复建议
- 能够正确填写维修工单，进行质量检查

 • 空调系统故障诊断树

 • 空调系统故障诊断树

 • 空调系统故障诊断树

一、知识讲解

空调系统故障诊断树

空调系统故障诊断树如图14-1所示。

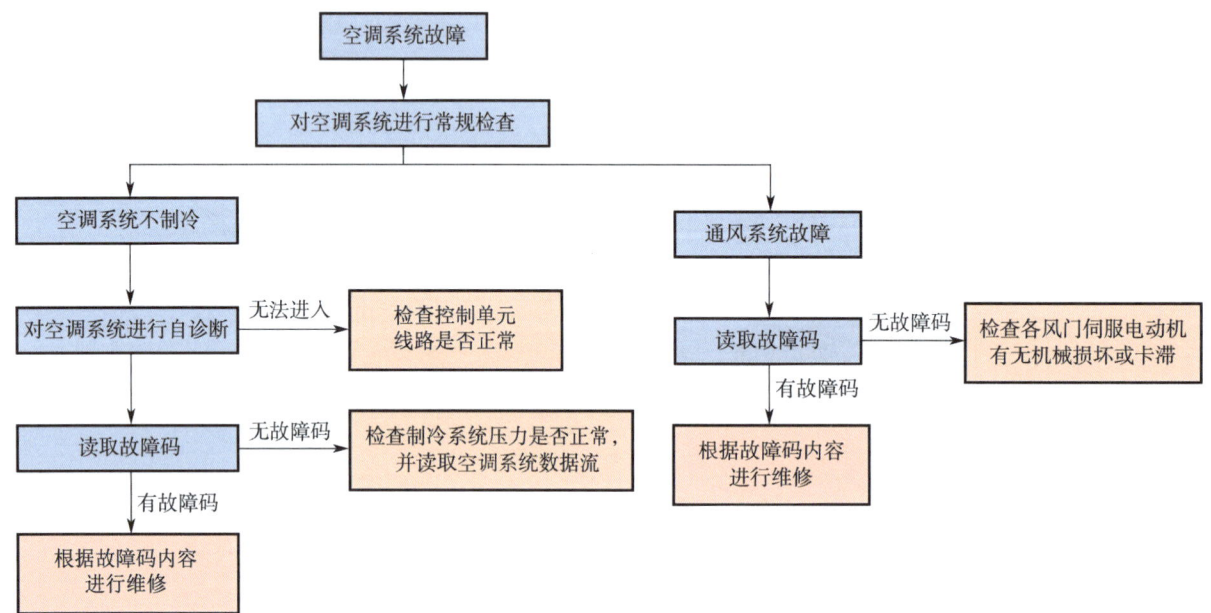

图14-1 空调系统故障诊断树

二、任务准备

勾选出完成本任务所需要的物品。

工具车	工具套件	三件套	吹尘枪
诊断仪	旋具套装	数字万用表	二极管试灯
温度计	抹布	歧管压力表	示波器
举升机	实训车辆	维修手册	电路图

三、防护措施

（1）进入车间应穿工鞋，戴工帽；工作服应整洁，无破损；操作时不可戴手表等金属饰品，以防划伤车辆表面。

（2）举升车辆时，应严格按照举升机操作规范进行操作，并通知其他人员远离举升机。

（3）在对制冷系统进行拆装操作前，应确保系统中的制冷剂被完全回收；加注制冷剂时，应严格按照要求补加相应量的冷冻机油。

观察下列操作图片，选出操作正确的图片。

	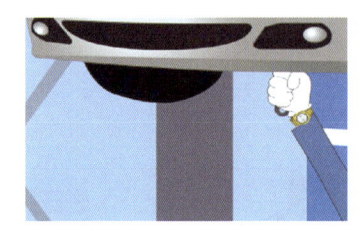	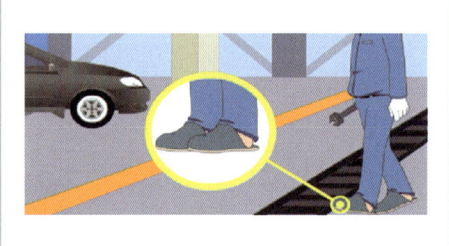

四、任务分配

任务分配见表14-1。

表 14-1 任务分配

职务	成员	姓名	工作内容
组长	技师A		监督、管理组员工作
组员	技师B		准备实训所需车辆及配件
	技师C		
	技师D		准备实训所需工具及维修手册
	技师E		

五、任务实施

（一）操作流程

为每个操作流程中的工作内容排序并将序号填写在表14-2中。

表 14-2　　　　　　　　　　　　　　　空调系统故障检查与修理操作步骤

操作流程		步骤	工作内容
故障验证及基础检查			启动车辆并按下空调最大制冷开关MAX A/C按钮，使用出风口温度计检测面部出风口温度
			分别检查空调通风系统除霜及面部、脚部出风口出风是否正常
			操作控制面板上的各按钮（或旋钮），检查空调鼓风机转速调节、温度调节、左右分区温度调节、座椅加热等功能是否正常
			连接诊断仪，检查空调控制单元有无故障码
有故障码的检查	高压传感器断路/对地短路		拔下高压传感器插接器，检查插接器端子有无松旷、烧蚀、弯折、折断现象
			拔下高压传感器熔丝，检查熔丝是否熔断，熔丝插脚有无松旷、烧蚀现象
			检查高压传感器插接器1号端子与搭铁之间线路是否断路
			关闭点火开关，拆下空调控制面板并拔下后部的20针插接器，检查控制单元端子有无弯折或折断现象；检查高压传感器2号端子与空调控制单元T20c/2号端子之间是否断路
	温度传感器断路/对地短路		查阅维修手册，找到相关温度传感器安装位置并按照手册所述方法拆下温度传感器
			拆下空调控制单元并拔下其后部插接器，检查控制单元后部端子有无弯折或折断现象；使用数字万用表检查温度传感器两个端子与空调控制单元相关端子之间导线是否断路
			检查温度传感器插接器端子有无松旷、烧蚀现象；检查传感器端子有无弯折或折断现象
			检测温度传感器两个端子之间的电阻，检查温度传感器内部是否短路
	空调压缩机激活断路/对地短路		拔下空调压缩机调节阀插接器，检查插接器端子有无松旷、烧蚀、弯折、折断现象
			检查空调压缩机调节阀插接器1号端子与搭铁之间线路是否断路
			打开点火开关，使用数字万用表检查空调压缩机调节阀2号端子有无自检电压。若无自检电压，则检查2号端子与空调控制单元T20c/18号端子之间是否断路，空调控制单元后部端子有无弯折或折断现象

续表

操作流程	步骤	工作内容
有故障码的检查	风门伺服电动机位置传感器断路/对地短路	查阅维修手册，找到相关传感器安装位置并按照手册所述方法拆下带位置传感器的风门伺服电动机
		拔下插接器，检查其端子有无弯折或折断现象
		拆下空调控制单元，检查空调控制单元后部插接器端子有无弯折或折断现象
		查阅电路图，检查带位置传感器的风门伺服电动机端子与空调控制单元相关插接器上的端子之间的线路是否断路
	新鲜空气鼓风机电缆前部断路/对地短路	拔下鼓风机熔丝并检查其是否熔断，检查熔丝插脚有无松旷、烧蚀现象
		拔下空调控制单元后部插接器并检查控制单元插接器端子有无松旷、弯折、折断现象
		检查空调控制单元插接器与鼓风机控制单元插接器之间的线路是否断路
		拆下驾驶员脚部空间盖板，拔下鼓风机控制单元插接器，检查端子有无松旷、烧蚀、弯折、折断现象
		将数字万用表黑表笔接地，使用电压挡检测鼓风机控制单元4号端子有无电压；使用电阻挡检查鼓风机控制单元3号端子与搭铁之间的导线是否断路
无故障码的检查	前部新鲜空气鼓风机内部故障	拔下鼓风机控制单元上的鼓风机插接器，检查其端子有无弯折或折断现象
		使用数字万用表检测鼓风机的电阻，检查鼓风机电动机是否短路
	高压传感器压力低于下限	操作诊断系统，读取空调控制单元的数据块，静态时空调系统压力应为700 kPa左右
		启动发动机并按下空调最大制冷开关MAX A/C按钮，读取空调系统压力，应不低于1 000 kPa。若系统压力低于1 000 kPa，则空调压缩机机械损坏或调节电磁阀未进入工作状态
		读取空调压缩机负荷及运行状态等相关数据块。若压缩机负荷为4~5 N·m，则压缩机运行状态正常；否则可能是压缩机内部机械损坏
		若通过数据块无法判断压缩机是否有故障，还应连接歧管压力表对制冷系统的高压和低压进行检测并分析故障原因

续表

操作流程	步骤	工作内容
数据总线诊断接口无法进入的检查		关闭点火开关，拔下数据总线诊断接口控制单元熔丝，检查熔丝是否熔断，熔丝插脚有无松旷、烧蚀现象
		检查数据总线诊断接口控制单元搭铁端子与车身之间是否断路
		检查数据总线诊断接口控制单元与车辆诊断接口之间的线路是否断路
		拆下驾驶员脚部空间盖板，拔下数据总线诊断接口控制单元插接器，检查其端子有无弯折、折断、松旷现象
空调系统线路的检查		拆下中央控制台显示屏和空调控制器的装饰板
		使用旋具拆下带操作面板的空调控制单元，拔下其后部20针插接器，检查其端子有无弯折、折断、松旷现象
		拆下驾驶员脚部空间盖板，拔下数据总线诊断接口控制单元插接器，检查其端子有无弯折、折断、松旷现象
		使用数字万用表电阻挡检查空调控制单元插接器端子与数据总线诊断接口控制单元的端子之间线路是否断路

（二）实施记录

结合实施过程，对照表14-3所列项目进行检查，并记录实际的检查结果。

表 14–3　　　　　　　　　　空调系统故障检查与修理实施记录

序号	项目	故障检查	故障记录
1	故障验证及基础检查	安全防护工作　□　　空调系统不制冷　□ 鼓风机不运转或转速不能调节　□　　温度调节旋钮失灵　□ 出风口模式不能调整　□　　左右温区调节失灵　□ 故障现象验证：＿＿＿＿＿＿＿＿＿＿＿＿＿＿＿＿＿＿	
2	自诊断及针对故障码的检查	不能进入自诊断系统□　控制单元电源故障□　线路连接故障□ 检测出的故障码：＿＿＿＿＿＿＿＿＿＿＿＿＿＿＿＿ 针对故障码的检修过程：＿＿＿＿＿＿＿＿＿＿＿＿＿＿ ＿＿＿＿＿＿＿＿＿＿＿＿＿＿＿＿＿＿＿＿＿＿＿＿	
3	数据总线诊断接口无法进入的检查	数据总线诊断接口控制单元熔丝熔断□　熔丝插脚锈蚀、松旷 □ 数据总线诊断接口控制单元插接器端子弯折、锈蚀或松旷　　□ 数据总线诊断接口控制单元搭铁线路断路　　　　　　　　　□ 数据总线诊断接口控制单元线路故障　　　　　　　　　　　□	

续表

序号	项目	故障检查		故障记录
4	空调系统线路的检查	空调控制单元插接器端子弯折、锈蚀或松旷 空调控制单元与数据诊断接口控制单元之间线路故障	☐ ☐	
5	其他			

根据任务操作流程和故障排除过程，总结空调系统故障排除思路，并写在下面。

_____

_____

_____

_____

_____

_____

六、检查

（一）自检

结合本组任务操作流程，对任务执行过程中的操作规范性进行检查，检查是否存在以下问题，分析、讨论应如何避免并总结规范的操作方法（表14-4）。

表 14-4 　　　　　　　　　　　　　　　自检

检查项目	检查结果			
空调系统故障点是否确认	是 ☐		否 ☐	
空调系统故障是否排除	是 ☐		否 ☐	
工具是否整理并归位，现场是否清理干净	是 ☐		否 ☐	

（二）互检

小组成员之间相互进行任务操作过程及结果检查，并把检查结果填写在表14-5中。

表 14-5 互检

检查项目	检查结果			
空调系统故障点是否确认	是 ☐		否 ☐	
空调系统故障是否排除	是 ☐		否 ☐	
工具是否整理并归位，现场是否清理干净	是 ☐		否 ☐	

七、课堂小结

实操视频

中控门锁故障检查与修理任务工单——开锁功能失效故障检修			
客户信息	姓名		电话
车辆信息	车型	VIN	行驶里程
			电话
故障检修	无钥匙进入功能失效 □　　遥控钥匙解锁功能失效 □　　遥控钥匙闭锁功能失效 □ 遥控钥匙按键失效 □　　遥控钥匙遥控距离缩短 □　　CAN 数据总线检修 □ 客户描述： ✎_____ _____ _____		

车辆外观检查		车辆内部检查	
凹凸 □		污渍 □	
划痕 □		破损 □	
石击 □		色斑 □	
油漆 □		变形 □	

明确具体 工作任务	✎_____ _____ _____

- 掌握无钥匙进入系统故障检查与排除的思路
- 能够使用检测设备和仪器进行故障检测
- 能够正确填写维修工单，进行质量检查

- 无钥匙进入启停系统组成及功用
- 舒适系统中央控制单元J393功能及安装位置
- 中控门锁系统功能及故障诊断与排除方法

- 无钥匙进入启停系统组成及功用
- 中控门锁系统故障诊断与排除方法

- 中控门锁系统故障诊断与排除方法

一、知识讲解

（一）无钥匙进入启停系统

　　无钥匙进入启停系统如图15-1所示，两个前车门外开手柄内各集成一根低频天线。低频天线的任务是将进入和启动许可控制单元的信号发送到遥控钥匙上。同时在车辆座舱的后部、衣帽架下部及后保险杠处也装有用于识别遥控钥匙的天线。遥控钥匙的解锁/闭锁车辆有效距离≤6 m；寻车有效距离≤30 m；KESSY功能有效距离≤1 m，如图15-2所示。

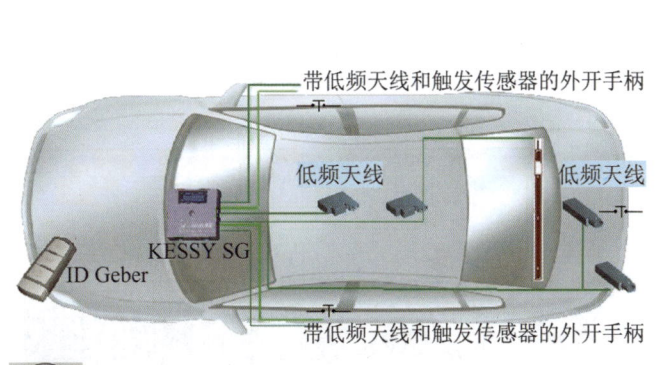

图 15-1　无钥匙进入启停系统

图 15-2　遥控钥匙控制的有效距离

　　驾驶员侧车门外开手柄的组成如图15-3所示。其中，外开手柄接近/开锁传感器G415或G418是电容式的，每个外开手柄和支座上都装有一个电容片，集成在外开手柄内，由直流电压来启动，进入和启动许可控制单元会对传感器电流进行分析。外开手柄的凹处起介质作用，当电容片之间插入新的

介质时，就会有电流短时流过，进入和启动许可控制单元会对其进行识别和分析。

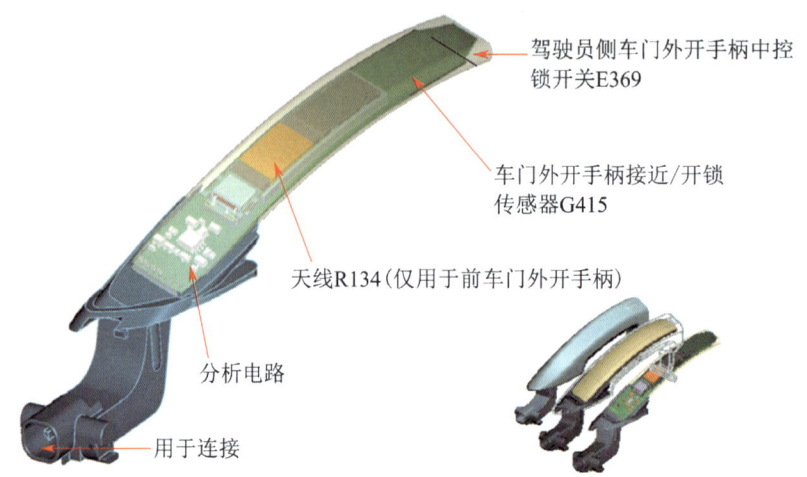

图15-3　驾驶员侧车门外开手柄的组成

（二）舒适系统中央控制单元

1. 舒适系统中央控制单元的功能

舒适系统中央控制单元J393具有以下功能：

（1）控制中控锁。

（2）控制后车门控制单元。

（3）控制油箱盖解锁。

（4）控制行李舱盖开锁。

（5）控制防盗报警装置与LIN数据总线的通信。

（6）控制轮胎压力检查。

（7）控制防盗锁止系统。

（8）控制进入和启动许可系统。

2. 舒适系统中央控制单元的安装位置

舒适系统中央控制单元的安装位置如图15-4所示。在大众迈腾轿车中，舒适系统中央控制单元J393首次集轮胎压力检查功能（通过轮胎压力传感器和轮胎压力检查天线进行监控）、防盗锁止系统控制单元J362功能及进入和启动许可控制单元J518功能于一身。此外，它还是防盗报警装置LIN数据总线上的主控制单元。车内监控传感器G273、防盗报警装置智能信号喇叭H12和车身倾斜传感器G384均属于防盗报警装置。

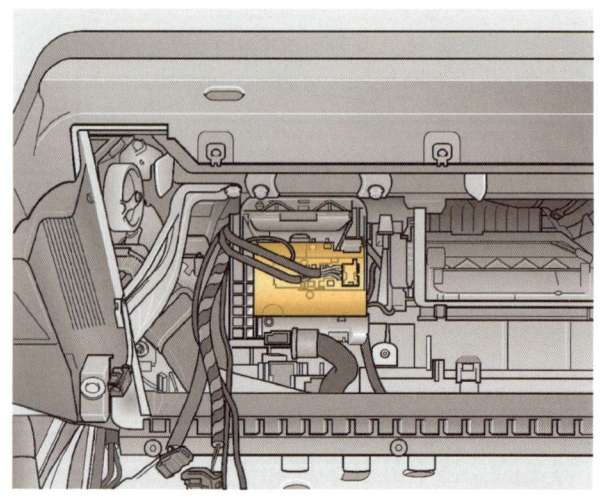

图15-4　舒适系统中央控制单元的安装位置

（三）中控门锁

舒适系统中央控制单元控制中控门锁的全部功能。车门、行李舱盖和油箱盖都属于中控门锁机构。中控门锁有3个不同的锁止状态，见表15-1。

表 15-1　　　　　　　　　　　　　　　　中控门锁的锁止状态

状态	状态描述
已开锁	车门从内部和外部都可打开
已闭锁	车门只能通过一次性操作车门内开手柄打开
安全	车门从内部和外部都不能打开

1. 关闭功能

关闭功能可通过驾驶员侧车门紧急关门锁芯、车内上锁按钮及汽车遥控钥匙来实现。各个车门控制单元负责驾驶员侧和副驾驶员侧车门中控门锁电动机的控制，而后部车门、行李舱盖及油箱盖的控制则由舒适系统中央控制单元来负责。

2. 中控门锁运行功能

如果通过车内联锁按钮将汽车锁住，则集成在按钮中的LED灯亮起。车门可以通过一次性操作车门内开手柄打开。在单门打开功能被激活并且用钥匙机械开锁时，只有驾驶员侧车门被解锁，即使操作两次钥匙，也仅能控制驾驶员侧的车门控制单元。在舒适系统中央控制单元有效接收距离之外操作200次以上遥控钥匙上的打开或关闭按钮，会将遥控钥匙功能锁止，必须通过操作打开按钮及随后用钥匙机械开锁（1 min之内）将遥控钥匙激活。

（四）中控门锁系统故障检查方法

1. 故障现象

无钥匙进入功能异常；遥控钥匙遥控功能失效；关窗功能失效。

2. 故障分析及检查步骤

打开点火开关，使用诊断仪进入"舒适系统中央控制单元"，读取故障码，根据故障码和车辆出现的故障现象，找到检查方向。具体检查步骤见表15-2。

表 15-2　　　　　　　　　　　　　　　中控门锁系统故障检查步骤

故障类别	故障现象分析	检查步骤
天线故障	无钥匙进入功能异常。可能原因是天线故障、线路故障、控制故障	（1）拆检天线R134和R135 （2）检查天线R134和R135与舒适系统中央控制单元的连接线、插头（车门手柄天线电路如图15-5所示）

续表

故障类别	故障现象分析	检查步骤
无故障码	遥控钥匙遥控功能失效	（1）检查、更换遥控钥匙中的电池 （2）重新匹配遥控钥匙（仅限非无钥匙进入车型）
	关窗功能失效	检查、更换驾驶员侧车门控制单元J386并重新进行编码

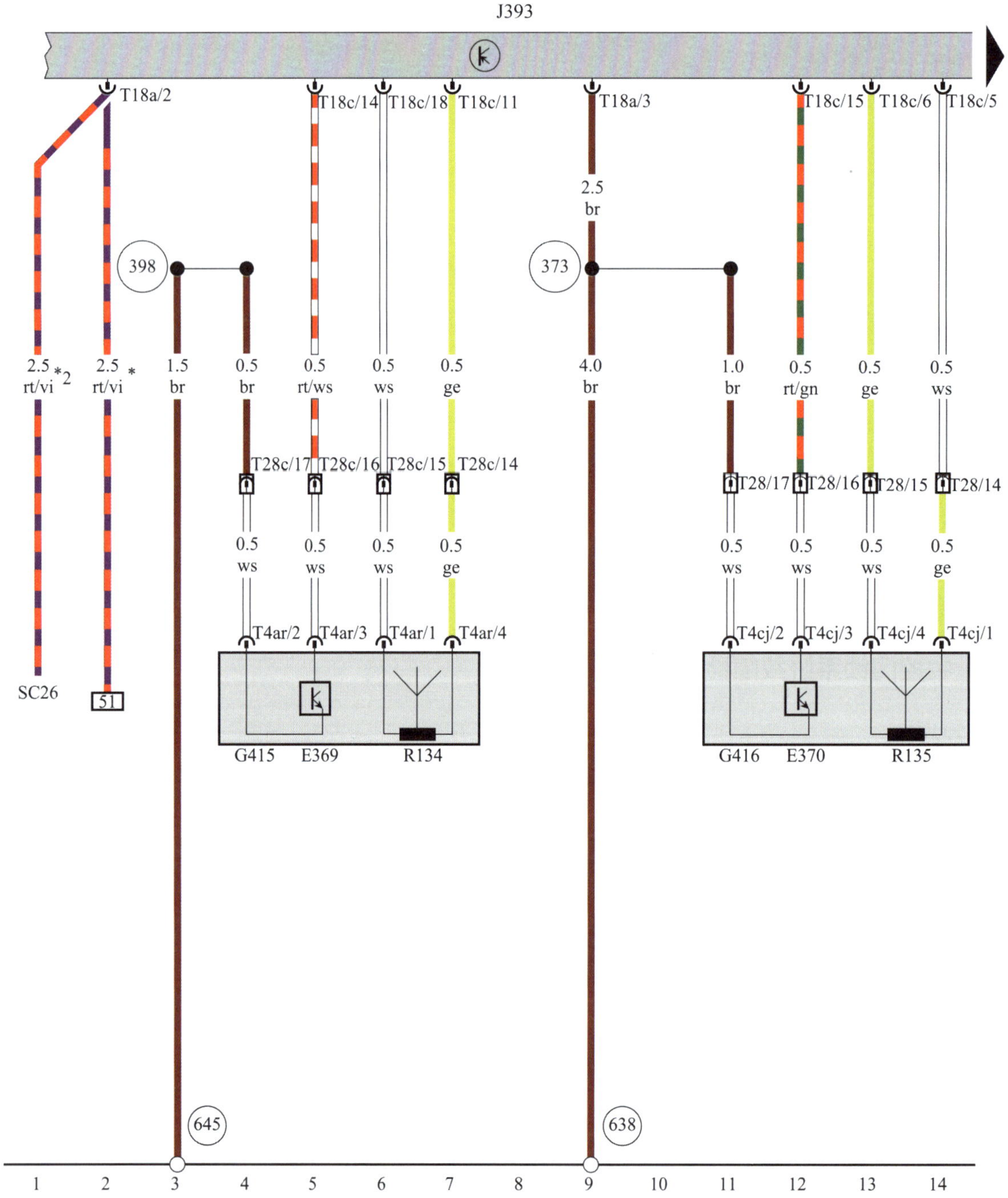

J393

T18a/2   T18c/14 T18c/18 T18c/11   T18a/3   T18c/15 T18c/6 T18c/5

398   373

2.5   br

2.5 *2   2.5 *   1.5   0.5   0.5   0.5   0.5   4.0   1.0   0.5   0.5   0.5
rt/vi   rt/vi   br   br   rt/ws   ws   ge   br   br   rt/gn   ge   ws

T28c/17 T28c/16 T28c/15 T28c/14   T28/17 T28/16 T28/15 T28/14

0.5   0.5   0.5   0.5   0.5   0.5   0.5   0.5
ws   ws   ws   ge   ws   ws   ws   ge

T4ar/2 T4ar/3 T4ar/1 T4ar/4   T4cj/2 T4cj/3 T4cj/4 T4cj/1

SC26   51   G415   E369   R134   G416   E370   R135

645   638

1   2   3   4   5   6   7   8   9   10   11   12   13   14

图 15-5   车门手柄天线电路

二、任务准备

勾选出完成本任务所需要的物品。

工具车	工具套件	三件套	吹尘枪
诊断仪	旋具套装	数字万用表	二极管试灯
听诊器	抹布	燃油压力表	气缸压力表
示波器	尾气分析仪	举升机	实训车辆

维修手册	多楔传动带

三、防护措施

（1）进入车间应穿工鞋，戴工帽；工作服应整洁，无破损；操作时不可戴手表等金属饰品，以防划伤车辆表面。

（2）举升车辆时，应严格按照举升机操作规范进行操作，并通知其他人员远离举升机。

（3）更换油液或配件时，应做好油液和配件的回收清理工作，以免对工作环境造成污染。

观察下列操作图片，选出操作正确的图片。

	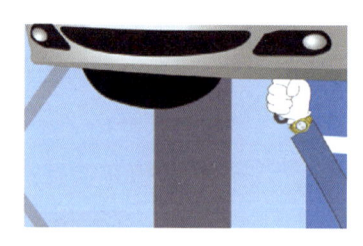	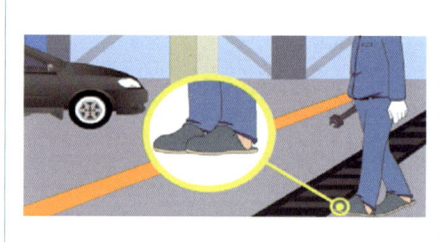

四、任务分配

任务分配见表15-3。

表 15-3　　　　　　　　　　　　　　任务分配

职务	成员	姓名	工作内容
组长	技师A		监督、管理组员工作
组员	技师B		准备实训所需车辆及配件
	技师C		

续表

职务	成员	姓名	工作内容
组员	技师D		准备实训所需工具及维修手册
	技师E		

五、任务实施

（一）操作流程

为每个操作流程中的工作内容排序并将序号填写在表15-4中。

表 15-4 　　　　中控门锁故障检查与修理操作步骤

操作流程	步骤	工作内容
故障验证及基础检查		将车辆停放在维修工位，拉起驻车制动器并将自动变速器置于空挡
		铺设三件套
		准备常用工具、诊断仪、数字万用表、二极管试灯
		携带钥匙，在驾驶员侧通过车门手柄闭锁、解锁车辆，查看有无异常现象
		使用遥控钥匙闭锁、解锁车辆，查看有无异常现象
		连接诊断仪，打开点火开关，使用诊断仪进入"中央电气电子设备"系统，读取故障码
检查带KESSY的车门手柄		拆卸锁芯外壳盖罩
		拆卸带KESSY的车门手柄（天线R134）
		安装带KESSY的车门手柄（天线R134）
		检查插头是否锈蚀、断针
		检查带KESSY的车门手柄和舒适系统中央控制单元J393之间连接线束
		安装锁芯外壳盖罩
		检查无钥匙进入功能是否正常，故障是否排除
更换遥控钥匙电池		拆卸遥控钥匙，并拆下遥控钥匙电池
		组装遥控钥匙
		更换新电池
		针对非无钥匙进入车型，如有需要，可进行遥控钥匙匹配（无钥匙进入车型的匹配需要在在线模式下进行）

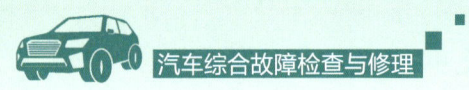

操作流程	步骤	工作内容	·
检查驾驶员侧车门控制单元J386		拆卸并检查驾驶员侧车门控制单元J386。如有需要，更换新的驾驶员侧车门控制单元J386	
		更换前使用诊断仪读取并记录原控制单元编码信息，更换后输入原编码信息进行编码匹配	

（二）实施记录

结合实施过程，对照表15-5所列项目进行检查，并记录实际的检查结果。

表 15-5　　　　　　　　　　　　中控系统故障检查与修理实施记录

序号	项目	故障检查	故障记录
1	故障验证及基础检查	安全防护工作　□　　遥控钥匙□　　关窗功能□ 无钥匙进入功能□ 故障现象验证：＿＿＿＿＿＿＿＿＿＿＿＿＿＿＿＿＿＿＿	
2	检查带KESSY的车门手柄	连接诊断仪检查□　　不能进入自诊断系统□　　可以进入自诊断系统□ 车门手柄检查　□　　天线相关故障码检查□ 天线和舒适系统中央控制单元J393的线束连接检查□ 舒适系统中央控制单元J393电源、搭铁、熔丝检查□ 故障记录：＿＿＿＿＿＿＿＿＿＿＿＿＿＿＿＿＿＿＿ ＿＿＿＿＿＿＿＿＿＿＿＿＿＿＿＿＿＿＿＿＿＿＿＿＿	
3	更换遥控钥匙电池	遥控钥匙电池检查□　　非无钥匙进入车型遥控钥匙匹配检查□ 故障记录：＿＿＿＿＿＿＿＿＿＿＿＿＿＿＿＿＿＿＿ ＿＿＿＿＿＿＿＿＿＿＿＿＿＿＿＿＿＿＿＿＿＿＿＿＿	
4	检查驾驶员侧车门控制单元J386	驾驶员侧车门控制单元J386电源、搭铁、CAN数据总线连接检查□ 编码匹配检查□ 编码记录：＿＿＿＿＿＿＿＿＿＿＿＿＿＿＿＿＿＿＿	

根据任务操作流程和故障排除过程，总结中控门锁系统故障排除思路，并写在下面。

＿＿＿

＿＿＿

＿＿＿

＿＿＿

＿＿＿

＿＿＿

六、检查

（一）自检

结合本组任务操作流程，对任务执行过程中的操作规范性进行检查，检查是否存在以下问题，分析、讨论应如何避免并总结规范的操作方法（表15-6）。

表 15-6　　　　　　　　　　　　　　　　自检

检查项目	检查结果	
车辆停放位置是否合适，是否将变速器置于空挡并拉紧驻车制动器	是 □	否 □
是否使用三件套对车辆进行防护	是 □	否 □
中控门锁故障是否确认	是 □	否 □
带KESSY的车门手柄功能是否正常	是 □	否 □
遥控钥匙更换电池后是否匹配，功能是否正常	是 □	否 □
驾驶员侧车门控制单元J386更换后编码是否匹配，功能是否正常	是 □	否 □
工作场地是否清洁，车辆是否复位	是 □	否 □

（二）互检

小组成员之间相互进行任务操作过程及结果检查，并把检查结果填写在表15-7中。

表 15-7　　　　　　　　　　　　　　　　互检

检查项目	检查结果	
车辆停放位置是否合适，是否将变速器置于空挡并拉紧驻车制动器	是 □	否 □
是否使用三件套对车辆进行防护	是 □	否 □
中控门锁故障是否确认	是 □	否 □
带KESSY的车门手柄功能是否正常	是 □	否 □
遥控钥匙更换电池后是否匹配，功能是否正常	是 □	否 □
驾驶员侧车门控制单元J386更换后编码是否匹配，功能是否正常	是 □	否 □
工作场地是否清洁，车辆是否复位	是 □	否 □

七、课堂小结

实操视频